AVIS. Nulle traduction de cet ouvrage ne pourra être faite sans l'autorisation expresse et par écrit des Auteurs et de l'Éditeur, qui se réservent en outre tous les droits stipulés dans les conventions intervenues ou à intervenir entre la France et les pays étrangers en matière de propriété littéraire.

LE COUSIN DU ROI

COMÉDIE EN DEUX ACTES, MÊLÉE DE COUPLETS,

PAR

MM. LAURENCIN ET MICHEL DELAPORTE,

Représentée pour la première fois, à Paris, sur le théâtre des Variétés, le 5 novembre 1855.

DISTRIBUTION DE LA PIÈCE.

Personnages.	Acteurs.
LE BARON DU HAUTBOIS, grand louvetier du roi	MM. NESTOR.
LE CHEVALIER D'ARNOUVILLE, écuyer honoraire	BURGUY.
CHRISTOPHE, barbier	DESHAYES.
ÉLOI, apprenti de Christophe	KOPP.
LE MARQUIS	CHARIER.
LE COMTE	RHÉAL.
UN HUISSIER DE PALAIS, parlant	PELLERIN.
UN GARDE-CHASSE, idem	ÉDOUARD.
DEUX AUTRES GARDES-CHASSE, parlant	FRANGIN.
LAURE, nièce du baron du Hautbois	Miles M. MALLOCA.
SUZANNE, blanchisseuse	VIRGINIE DUCLAY.
GARDES-CHASSE, OFFICIERS, SEIGNEURS ET DOMESTIQUES.	

L'action se passe sous Louis XV. — Au premier acte, à Meudon, dans la boutique de Christophe. au deuxième acte, à la Cour de Versailles.

ACTE PREMIER.

Le théâtre représente l'intérieur d'une boutique de barbier, fermée, au fond, par une cloison vitrée qui laisse apercevoir l'entrée du bois de Meudon. — La porte principale fait face aux spectateurs. — A droite, au troisième plan, un buffet adossé au mur. — Au fond, une fontaine, cases à serviettes à gauche et à droite. — Au fond un essuie-mains sur un rouleau. — A gauche, une table, sur laquelle est une boîte à poudrer et autres ustensiles de l'état; plusieurs chaises, têtes à perruques, etc. — A gauche, au troisième plan, une autre table.

SCÈNE I.

ÉLOI, QUATRE GARDES-CHASSE, puis CHRISTOPHE.

(Au lever du rideau, Éloi passe de l'eau à un garde qu'il vient de raser à gauche, et qui se lève en s'essuyant.)

LES GARDES.

AIR : *Adroits chasseurs* (Dagobert).

Holà ! Christophe, viendrez-vous ?
Barbier maudit, venez, sans retard coiffez-nous,

Nota. — Toutes les indications sont prises de la gauche et de la droite du spectateur. Les personnages sont inscrits en tête des scènes, dans l'ordre qu'ils occupent au théâtre. Les changements de position sont indiqués par des renvois au bas des pages.

Ou nous allons quitter la place.
Le temps presse, l'heure passe.
Il se moque de nous, je crois.
Hâtez-vous, hâtez-vous, on nous attend au bois.
Oui, tous au bois !

TOUS, appelant et frappant.
Christophe !... Christophe !...

CHRISTOPHE, accourant de la chambre à droite.
Voilà ! voilà !

PREMIER GARDE.
Allons donc, maître Christophe ! nous voilà rasés, mais ça ne suffit pas.. il faut nous coiffer...

CHRISTOPHE.
Tout de suite !

* Éloi, Christophe, premier garde.

PREMIER GARDE.
Avec un œil de poudre.
CHRISTOPHE, à Éloi.
Tu entends? Éloi!
ÉLOI.
Oui, oui, patron !...
(Il prépare ce qu'il faut. — Le premier garde prend un peignoir qu'il met.)
PREMIER GARDE, s'asseyant à droite, pendant que le deuxième garde s'assied à gauche.
Alerte! nous sommes pressés, merlan, mon ami... vu que S. M. Louis XV célèbre ce matin la convalescence de Mme la duchesse de Châteauroux par une chasse dans les bois de Meudon !
(Éloi a mis un peignoir au deuxième garde.)
CHRISTOPHE, le coiffant. *
Bah! et Mme la duchesse en sera?... Nous la verrons peut-être ? Oh ! dieux... une duchesse !... (Quittant sa besogne.) que ça doit donc être agréable à promener dans les bois de Meudon... et autres lieux !... (Avec enthousiasme.) Oh !...
PREMIER GARDE.
Ça... dépêchons !...
CHRISTOPHE, se remettant à le coiffer.
Ne vous impatientez pas... d'ailleurs le son du cor vous avertira ; le bois de Meudon n'étant qu'à deux pas... d'ici à son poste chacun de vous ne fera qu'un saut !
TOUS.
Hein?...
DEUXIÈME GARDE.
Sot, toi-même, entends-tu ?
CHRISTOPHE.
Plaît-il ?
(Il va au deuxième garde, et Éloi vient poudrer le premier.)
DEUXIÈME GARDE.
Allons... allez donc...
CHRISTOPHE, le coiffant. *
Eh! là, là, ne nous fâchons pas... je suis plus pressé que vous d'en finir... car c'est aujourd'hui, mes braves, que j'allume la torche de l'hymen.
PREMIER GARDE.
Bah ! tu te maries ? Tu renonces donc décidément aux grandes dames ?
CHRISTOPHE, avec fatuité.
Peuh ! chaque chose a son temps... Il faut faire une fin !
DEUXIÈME GARDE.
Et quelle dot épouses-tu ?
CHRISTOPHE.
Dix-sept ans et des trésors...
LES GARDES.
Oh !...

* Éloi, deuxième garde, Christophe, premier garde.
** Deuxième garde, Christophe, premier garde, Éloi.

CHRISTOPHE.
Des trésors de beauté et d'innocence.
ÉLOI soupirant.
Oh ! oui...
(Il jette de la poudre dans les yeux du garde qu'il coiffe.)
PREMIER GARDE.
Aïe !... Attention donc, nigaud !... (A Christophe.) Et tu la nommes?...
CHRISTOPHE.
Suzanne.
DEUXIÈME GARDE.
La jolie blanchisseuse?
CHRISTOPHE.
Une vertu sans tache, messieurs.
ÉLOI, soupirant.
Oh ! oui... oh ! oui...
(Même jeu que ci-dessus.)
PREMIER GARDE, que tient Éloi, jette un cri.
Encore !
(Il se lève. — Le troisième garde vient prendre sa place.)
CHRISTOPHE.
Qu'est-ce ?
PREMIER GARDE.
Voilà cinq minutes que cet animal m'a veuglé, après m'avoir estafilé tout-à-l'heure (Il montre sa joue sur laquelle on voit une longue bande de taffetas d'Angleterre, et remonte.)
CHRISTOPHE.
C'est l'effet de ses distractions... Il n'en fait pas d'autres depuis quelques jours.
(Il va coiffer le troisième garde tandis qu'Éloi va poudrer le deuxième.)
TROISIÈME GARDE, à Christophe. *
Doucement... hein ?
CHRISTOPHE.
Soyez tranquille...
(Il continue à le coiffer, en déclamant) :
Le rasoir ou le peigne en main,
Je ne fais jamais de blessures,
Et, pour ma part, ce que je crains,
De l'amour ce sont les piqûres.
LES GARDES, riant.
Ah! ah!
CHRISTOPHE, à celui qu'il coiffe.
Ne riez pas !...
(Le garde reprend vite son sérieux.
DEUXIÈME GARDE.
Vous faites donc encore des chansons, maître Christophe?...
CHRISTOPHE.
Ma foi, oui... j'en fais... et j'en ferai toujours.
(Suzanne est entrée par le fond, sur ces derniers mots ; elle tient un panier contenant du linge.)

* Éloi, deuxième garde, premier garde, Christophe, troisième garde.

SCÈNE II.

LES MÊMES, SUZANNE.

SUZANNE.*

Toujours !... (Elle pose son panier.)

CHRISTOPHE ET ELOI.

Suzanne !

LES DEUX GARDES, qu'ils coiffaient, poussant un cri.

Aïe !

CHRISTOPHE ET ELOI.

Excusez...

(Le deuxième garde se lève et le quatrième vient le remplacer.

SUZANNE.

Ah ! fi !.. M. Christophe !.. fi !..

(Elle va poser son panier près du buffet.)

TROISIÈME GARDE, à Christophe.*

Vous me tirez les cheveux, vous ..

CHRISTOPHE.

Ah ! Dam ! Quand je vois ma Suzanne...

(Il va coiffer le quatrième garde. — Eloi vient poudrer le troisième.)

SUZANNE, allant à Christophe.*

Vous ferez toujours des chansons, disiez-vous ? et votre promesse, monsieur, votre promesse ? voulez-vous donc que la justice revienne une seconde fois ici ?

LES GARDES.

La justice ?

SUZANNE.

Certainement. Est-ce que monsieur ne se donne pas des airs de fronder le gouvernement ?

CHRISTOPHE.

Le gouvernement... non pas ! (Aux autres.) Il ne s'agissait que d'une chansonnette sur Mme de Chateauroux.

SUZANNE.

Qui ne plaisante guère, vous le savez...

PREMIER GARDE, s'approchant.*

C'est vrai !... Prenez garde, l'ami !

CHRISTOPHE, venant au milieu.

Oh ! une légère épigramme... voyez plutôt.

(Suzanne va au buffet sur lequel elle dépose le linge qu'elle tire de son panier. — Eloi quitte le troisième garde, qui se lève, et va poudrer le quatrième. — Les autres gardes viennent entourer Christophe.)

CHRISTOPHE, baissant la voix.

Dans notre France tout s'embrouille

Et le pouvoir tombe en quenouille,
Louis n'est plus le souverain,
Tontaine, tontain.
La Chateauroux, noble et mignonne,
Fesant sa madame j'ordonne,
Sur le sceptre met la main...
Tontaine, tontain.

(Les gardes rient.)

PREMIER GARDE.

Il manque un pied au dernier vers.

CHRISTOPHE.

Un pied !.. qu'est-ce que ça fait... je l'ai remplacé par une main.

TOUS, riant.

Ah ! ah ! ce poète !

(Ils remontent avec le quatrième garde qui s'est levé. — Eloi remet sa boîte à poudrer sur la table à gauche.)

SUZANNE, à Christophe.

C'est égal ! ne recommencez pas.

CHRISTOPHE.

Soyez tranquille... Je n'aime pas plus que vous à voir arriver de grands escogriffes qui bousculent la maison de fond en comble... Tous mes papiers ont été enlevés...

TOUS, se rapprochant.

Vraiment ?

CHRISTOPHE.

Même ceux laissés là... (Il désigne le buffet.) dans ce vieux bahut par mon vénérable père. Et Dieu sait si celui-là s'occupait de chansonner !...

PREMIER GARDE.

Et qu'est-il arrivé de tout ça ?..

CHRISTOPHE.

Rien du tout !.. Je dois même dire qu'ils se sont conduits fort civilement après avoir parcouru les paperasses.

LES GARDES.

Bah !

SUZANNE, se rapprochant de Christophe.

N'importe ! ne vous y fiez pas...

(On entend un son de cor dans le lointain.)

PREMIER GARDE.

Entendez-vous... l'appel des gardes va commencer... Et si le grand Louvetier... si M. le baron du Hautbois ne nous trouve pas à notre poste... gare la prison !

(Les gardes-chasse prennent leurs armes qu'ils ont déposées en entrant contre le mur.)

SUZANNE, à Christophe.

Et moi, je cours chez le tabellion !

CHRISTOPHE.

Qu'il soit exact, surtout... vous savez que M. le chevalier d'Arnouville doit signer à notre contrat...

---

* Deuxième garde, Eloi, Suzanne, Christophe, troisième garde.

** Quatrième garde, Christophe, Suzanne, Eloi, troisième garde.

*** Quatrième garde, Christophe, premier garde, Suzanne, Eloi, troisième garde.

SUZANNE.
C'est bien! (Allant au buffet.) Tenez, voyez si le compte y est.
CHRISTOPHE, l'embrassant.
A tantôt, ma petite femme!
SUZANNE.
Finissez... et comptez donc!
CHRISTOPHE.
Compter avec vous!.. Fi donc! Jamais! (Il l'embrasse. — Elle passe au milieu.)
ÉLOI, avec colère.*
Oh!
(Il pousse une chaise sur les jambes du premier garde.)
PREMIER GARDE, le repoussant.
Mordié!...
ÉLOI.
Excusez! c'est une distraction!
DEUXIÈME GARDE, au fond.
En route!
TOUS.
En route!...
CHOEUR.
(Reprise de la dernière partie du chœur précédent. — A Christophe.)
Nous te paierons une autre fois;
Pour le roi, tu le vois, nous courons tous au bois,
Oui tous au bois!
(Suzanne et les gardes-chasse sortent par le fond.)

∘∘

SCÈNE III.
ELOI, CHRISTOPHE.

ÉLOI, rangeant avec humeur, et bousculant une chaise.
Oh!... oh!
CHRISTOPHE, qui comptait les serviettes.
Ah! ça, qu'est-ce que tu fais donc?..
ÉLOI.
Dam! vous voyez je rage!
CHRISTOPHE, allant à lui.
Hein?..
ÉLOI.
Non,... je range!..
(Il passe à droite et bouscule une autre chaise.)
CHRISTOPHE.**
Tu appelles ça ranger? voyons, doucement et ne cassons rien... ménageons mon ménage...
(Il range la chaise qu'Éloi a bousculée à gauche.)
ÉLOI, accrochant les peignoirs et pliant les serviettes.
Comme ça, patron, vous êtes donc bien décidé à y entrer en ménage?.. à épouser une petite blanchisseuse, vous, un perruquier établi!..

AIR : *Selon son gré chacun peint son délire.*
(Mlle Marguerite.)

Si comme vous j'étais bel homme,
Et si j'avais autant d'esprit,
Près du sexe qui me renomme
J'aurais grand' peur d'affaiblir mon crédit,
Cette union ne sera pas fameuse;
Entendez mieux vos intérêts :
Si j'étais d'vous, cette humble blanchisseuse, (*B*.)
A d'autres je la repasserais!
Je la repasse... passe... je la repasserais!

CHRISTOPHE, avec fatuité.
Oui, j'aurais pu choisir une femme plus huppée; je l'aurais pu; mais Suzanne est l'amie de mon adolescence; j'ai vu pousser cette belle fleur... et... bref, je l'aime! Puis, j'ai besoin d'un frein, d'une bride. Ah! Eloi, Eloi, tu ne sais pas les dangers que court un jeune homme trop bien avantagé par la nature!
ÉLOI.
Des dangers!
CHRISTOPHE, l'attirant à lui et l'examinant.
Et au fait... comment le saurais-tu, Éloi!... Tu es désagréable, toi... tu es bête... (Il le fait tourner.) mal bâti... pas d'épaules... pas de poitrine... pas d'œil... pas de... ah! si... tu as de l'oreille... beaucoup même...
ÉLOI.
Ah! j'ai donc quelque chose?...
CHRISTOPHE.
Mais pas la moindre jambe!
ÉLOI.
Pas la moindre jambe?...
CHRISTOPHE.
Rien!...
ÉLOI.
Rien!... Alors qu'est-ce que je suis donc?...
CHRISTOPHE.
Tu es... tu es quelque chose de fort affligeant à voir... Donc, tu ne crains point que la beauté attache ses yeux sur toi...; s'ils s'y portent par mégarde, en passant devant cette boutique, ils se détournent promptement de cet aspect déplaisant, pour se reposer...
ÉLOI.
Sur vous... (A part.) Gros avantage !
CHRISTOPHE, soupirant.
Mais cela a ses périls... et je vais me marier (D'une voix concentrée.) pour sauver ma tête peut-être...
ÉLOI.
Vous marier pour sauver... Ah! ben, un drôle de moyen...
CHRISTOPHE.
C'est le seul... une fois en puissance de femme, et de pas mal de marmots, je ne pen-

---

* Premier garde, Eloi, Suzanne, Christophe; les autres, au fond.
** Christophe, Eloi.

serai plus aux marquises... aux baronnes surtout!... Oh! les baronnes!...

ÉLOI, avec mystère, se rapprochant.

Dites donc, patron... c'est-il vrai qu'il y en avait une pas bien loin d'ici...

CHRISTOPHE.

Chut!... oui... c'est-à-dire non... L'intention y était... mais... Ah! quelle leçon!

AIR : *Qu'il est flatteur d'épouser celle.*

Pour attendrir un cœur barbare,
Sous le balcon de ma beauté,
En sautoir portant ma guitare,
Franc troubadour, j'avais chanté.
Mais bientôt, à grands coups de gaules,
Toute une escorte de laquais
Vint écrire sur mes épaules
La réponse que j'attendais.

ÉLOI.

Diantre!

CHRISTOPHE.

Et ils tapaient les misérables... J'aurais été inhumé le lendemain, si mon bon ange n'avait amené par là M. le chevalier d'Arnouville, qui, tirant son épée, me débarrassa de toute cette canaille.

ÉLOI.

Je ne m'étonne plus si vous l'aimez tant!

CHRISTOPHE.

Si je l'aime! le brave jeune homme!... oh! certes!... C'est même aussi un peu à cause de lui que je brusque mon mariage avec Suzanne. Je me dévoue... je me sacrifie à l'amitié et à la reconnaissance.

ÉLOI.

Je ne comprends pas...

CHRISTOPHE.

C'est... (Le faisant passer à sa droite.) c'est inutile *. (A part.) Imprudent chevalier, me charger d'être son messager d'amour auprès de mademoiselle Laure! moi, son coiffeur, qu'elle voit, qu'elle entend tous les jours en prose et en vers!... Pauvre chevalier!

ÉLOI.

Vous dites ?

CHRISTOPHE.

Je dis que, pour éviter un malheur, tu vas aller chez le père Crustalot, le prier de me préparer pour ce soir, six heures, un superbe repas de fiançailles.

ÉLOI, à lui-même.

Allons, c'est fini... il va épouser mademoiselle Suzanne!

(Il reporte à gauche une tête à perruque, qu'il soufflète avec rage.)

CHRISTOPHE.

M'as-tu entendu?...

Eloi, Christophe.

ÉLOI.

Plaît-il?

CHRISTOPHE, le prenant par l'oreille.

Chez le père Crustalot. Il devient sourd, ce nigaud-là!... File vite!

(Il le pousse dehors par le fond.)

SCÈNE IV.

CHRISTOPHE, seul.

Oui, oui, oui, je veux me marier, devenir un respectable père de famille et ne m'occuper plus que de ma femme à moi; j'en fais serment... je le jure sur la tête de... oui, sur la plus vénérable tête que mon digne père m'ait laissée... (Cherchant autour de lui.) Où est-elle, la plus vénérable?... (Prenant une très vieille tête à perruque au fond à droite et l'apportant presque au milieu.) Ah! la voici! (Étendant la main.) Reçois mon serment... et si je l'oubliais jamais...

SCÈNE V.

LE CHEVALIER, CHRISTOPHE.

LE CHEVALIER, entrant par le fond.

Ah!... Christophe?

CHRISTOPHE, venant à lui.

Monsieur le chevalier!

LE CHEVALIER.

Eh bien! mon ami, quelles nouvelles?...

CHRISTOPHE.

Pas trop bonnes!

LE CHEVALIER.

Que veux-tu dire ?

CHRISTOPHE.

Je veux dire qu'au moment où j'allais présenter votre lettre à mademoiselle Laure, son oncle a paru.

LE CHEVALIER.

Le baron !

CHRISTOPHE.

Rassurez-vous... Il ne sait rien. Et si Mlle Laure a compris mes signes, elle aura lu votre lettre que j'avais adroitement glissée dans son livre d'heures.

LE CHEVALIER.

Ah! très bien!... mais la réponse ?

LE BARON, en dehors.

Où est-il le croquant .. le pendard ?

(Christophe court regarder au fond.)

LE CHEVALIER.

Qu'est-ce donc ?

CHRISTOPHE.

Le baron de Hautbois!... Il parle à ses gens et regarde par ici d'un air courroucé.

Retirez-vous, s'il nous voit ensemble et qu'il ait des doutes...
(Il le fait passer à droite, près de la porte de sa chambre.)

LE CHEVALIER.

Tu as raison... de la prudence !... Et surtout qu'il ne sache pas que c'est moi...

CHRISTOPHE.

Ah! fi donc !... vous trahir... vous, mon sauveur! jamais !... (Le poussant dans sa chambre.) Sortez donc!
(Le chevalier sort par la droite).

SCÈNE VI.

LE BARON, CHRISTOPHE.

CHRISTOPHE, voyant entrer le baron.

Il était temps!
(Il feint d'arranger une perruque sur la tête qu'il a apportée.)

LE BARON, au fond, à part.

Le drôle est chez lui ! (Haut et s'avançant.) Holà, maître Christophe?

CHRISTOPHE, allant à lui, après avoir remis la tête à perruque au fond.

Tiens! c'est monsieur le grand lou... (Le baron lui fait signe de s'arrêter.) vetier...

LE BARON.

A distance donc! Encore! encore! L'étiquette veut six pas entre un baron et un...

CHRISTOPHE, qui a reculé.

Six pas !... En ce cas, je ne conseille pas à monsieur le baron de m'appeler pour le raser... je n'aurais jamais le bras assez long...

LE BARON.

Paix! (Marchant sur lui.) C'est donc toi qui as l'audace... (Voyant que Christophe ne bouge pas.) Mais recule donc, maraud, puisque tu vois que j'avance.

CHRISTOPHE.

C'est juste... les six pas...   (Il recule.)

LE BARON, avançant.

C'est donc toi qui te permets...

CHRISTOPHE, qui est arrivé au mur, paraît très embarrassé.

Pardon... mais... si monsieur le baron avance toujours...

LE BARON, reculant.

Silence !... Ah! maître barbier, chansonnier! cette double profession ne vous suffit pas... vous osez apporter chez moi...
(Il tire une petite lettre de sa poche.)

CHRISTOPHE, à part.

Aïe! aïe! la lettre !

LE BARON.

Qui t'avait remis ce billet, glissé par toi

* Christophe, le Chevalier.

dans le livre d'heures de ma nièce, Mlle Laure de...

CHRISTOPHE.

Un billet?

LE BARON.

Ne va pas mentir... Eh bien! voyons... qui

CHRISTOPHE, regardant du côté de la porte de droite.

Personne!

LE BARON.

Personne!

CHRISTOPHE.

Je vous jure...   (Il s'approche.)

LE BARON.

Arrière! Ainsi personne ne t'avait chargé

CHRISTOPHE, reculant.

Ma foi, non...
(Il remonte, regarde à la porte de droite et gagne ensuite la gauche.)

LE BARON, à lui-même.

Cependant... je l'ai vu... vu de mes yeux.. Faudrait-il donc supposer que ce perruquier aurait eu l'insolente audace..... (Passant à droite.) Oh! non, c'est impossible... Et pourtant, les chroniques rapportent qu'il s'est trouvé parfois de ces manants assez téméraires... et celui-ci qui rimaille, qui pinçaille de la guitare... (Avec colère.) Si je le croyais... (Le regardant.) Mais non, non .. je ne puis... je ne veux pas le croire.

CHRISTOPHE.

C'est ça, allez... ne croyez pas... Ça vaut mieux...

LE BARON.

Il ferait beau voir vraiment qu'un misérable barbier...

Air du *Luth galant*.

Sur sa beauté, réponds-moi, malheureux,
As-tu jamais osé lever les yeux,
Faisant à son blason une injure cruelle ?

CHRISTOPHE.

Pendant que je coiffais
La noble demoiselle,
Jamais
Sur ses attraits
Je n'levais
La prunelle...
Non... (A part.) Mais je la baissais...
Souvent je la baissais.

LE BARON, montrant le billet.

Mais ce billet enfin... cet insolent billet dans lequel tu parles de ton amour...

* Christophe, le Baron.

SCÈNE VII.

Les Mêmes, SUZANNE.

SUZANNE, qui est entrée par le fond, sur ces derniers mots.*
Hein! un billet d'amour écrit par M. Christophe!
CHRISTOPHE, à part.
Allons, bon!... à l'autre, à présent!
LE BARON, toisant Suzanne.
Qu'est-ce cela?
CHRISTOPHE.
Faites pas attention... c'est ma future.
LE BARON.
Ta future!... Tu vas te marier et tu écris de ces choses-là?
SUZANNE.
Mais à qui? à qui donc?
(Elle s'avance vers le baron pour regarder la lettre.)
LE BARON.
Ouais!... Plus loin, ma mie... vous parlez au baron de Hautbois.
SUZANNE, faisant une révérence.
Excusez, Monseigneur. (A Christophe.) Mais vous, qui n'êtes pas baron, me direz-vous à qui vous écrivez ça? Répondez donc?
CHRISTOPHE.
Impossible!
SUZANNE.
Alors, vous vouliez donc me tromper? Quelque grande dame qui vous aura encore tourné la tête, je parie...
LE BARON.
Hein? Encore!... ainsi ce ne serait pas la première fois...
CHRISTOPHE, bas, à Suzanne qui va parler.
Taisez-vous... ou je suis mort!
(Il passe au milieu.)
LE BARON *.
Ainsi, misérable... c'est bien toi.. toi, barbier, toi, perruquier... toi ..
CHRISTOPHE, se montant.
Moi, frater, moi, merlan... Allez, ne vous gênez pas.
LE BARON.
Ah! oui dà!... vous prenez de ces licences-là!... chansonnier, mon ami. (Allant au fond.) Holà!...
CHRISTOPHE.
Qu'est-ce que c'est?...
LE BARON.
Crois-tu donc que je m'abaisserai jusqu'à te châtier moi-même? Non pas... mais le bâton de mes gens...

* Christophe, Suzanne, le Baron.

CHRISTOPHE, se frottant les épaules.
Aïe! ça va recommencer...
LE BARON, avec impatience, toujours au fond.
Eh bien! viendra-t-on?
SUZANNE, allant à lui.
Monseigneur!
LE BARON, la repoussant du geste.
Arrière, petite!
(Deux domestiques paraissent au fond et s'arrêtent à la porte, en voyant entrer le chevalier.)

SCÈNE VIII.

Les Mêmes, LE CHEVALIER, DEUX DOMESTIQUES, au fond.

LE CHEVALIER, entrant vivement par la droite.*
Arrêtez!
TOUS.
Le chevalier!
ENSEMBLE.
Air de danse du *Prophète*.
LE BARON.
D'un manant prendre la défense,
Ah! c'est plaisant, en vérité!
(Aux valets.)
Allez, punissez son offense
Par un châtiment mérité!
SUZANNE.
Renoncez à votre vengeance.
Ce châtiment si redouté,
Monsieur, là, j'en ai l'espérance,
Par lui ne fut pas mérité.
LE CHEVALIER, aux valets.
Arrière et point de vengeance,
Car ce châtiment redouté,
Par une audacieuse offense,
Ici ne fut point mérité.
CHRISTOPHE.
Il prend encore ma défense
Contre un châtiment redouté;
Mais cette fois, en conscience,
Je ne l'avais pas mérité.
LE CHEVALIER, au baron.
Épargnez cet homme, monsieur le baron!
LE BARON.
Que je l'épargne?
LE CHEVALIER.
C'est justice... car cette lettre...
LE BARON.
Eh bien?
LE CHEVALIER.
Elle était de moi.
LE BARON, le toisant.
De vous!...
CHRISTOPHE, à part.
Ouf! je respire!

* Christophe, Suzanne, le Baron, le Chevalier.

SUZANNE.
Ah bah!...
CHRISTOPHE, bas à Suzanne.
Vous voyez bien, jacasse!
LE BARON.
De vous, Monsieur!... Et, s'il vous plaît, quel pouvait être votre espoir?..
LE CHEVALIER.
Ne le devinez-vous pas?...
CHRISTOPHE.
C'est clair... l'espoir de...
LE BARON, à Christophe.
Paix!...
CHRISTOPHE, bas à Suzanne.
De faire comme moi...
(Il lui prend la taille et l'embrasse.)
SUZANNE, passant à gauche.
Mais oui!...
LE CHEVALIER, au baron.
Je suis sans fortune, il est vrai... mais ma naissance...
CHRISTOPHE.
Certainement, sa naissance...
LE BARON, à Christophe.
Paix! (Au chevalier, avec ironie.) Il faut être autre chose qu'un écuyer honoraire des chasses royales pour oser prétendre à la main de mademoiselle Aménaïde-Corisandre-Laure de Monthary... une des plus nobles, des plus riches héritières de la province de Bourgogne.
CHRISTOPHE.
Après ça, la richesse ne fait pas le bonh...
LE BARON.
Je t'ai déjà dit deux fois paix!
CHRISTOPHE.
Deux!... (Comptant sur ses doigts.) ma foi oui... ça fait trois...'excusez...
LE BARON, au chevalier.
Devrai-je ajouter, Monsieur, que moi, son oncle, moi qui vous parle, je suis peut-être à la veille d'obtenir le poste de grand-maître des cérémonies!
CHRISTOPHE.
Oh! oh!
LE BARON.
S. M. Louis XV... (Il se découvre.) instruite de mes profondes connaissances en pareille matière...
LE CHEVALIER.
Je sais que les lois de l'étiquette ont fait l'étude de toute votre vie, et je serais, Monsieur le baron, fort heureux d'apprendre...
LE BARON.
Apprenez donc d'abord à vous tenir à votre place. Et, en attendant, tenez mieux votre chapeau... mettez-le sous votre bras, cordieu!... vous avez l'air d'être devant un marguillier.

* Suzanne, Christophe, le Baron, le Chevalier.

LE CHEVALIER, avec impatience.
Eh! monsieur... mon chapeau...
CHRISTOPHE, à Suzanne.
Il se monte la tête!
LE CHEVALIER, se calmant.
Ainsi, Monsieur le baron, en supposant même que mes sentiments dussent trouver grâce auprès de mademoiselle Laure...
LE BARON.
Vos sentiments!... Si j'en avais le moindre soupçon, Monsieur, vous n'assisteriez pas même à la chasse qui se prépare.. et je vous assignerais à l'instant, pour résidence, une des chasses royales de l'Alsace ou de la Basse-Bretagne.
LE CHEVALIER.
Ah!
CHRISTOPHE.
Si loin que ça?
LE BARON.
Je t'ai déjà enjoint...
CHRISTOPHE, montrant ses quatre doigts.
C'est juste... ça fait quatre... Excusez.
LE CHEVALIER.
Mais monsieur. .
LE BARON.
J'ai dit... sur ce, monsieur, je suis votre très humble!..
(Il se pose pour faire un salut, et remet son chapeau en deux ou trois temps.)
SUZANNE, à part.
Vieux maniaque, va!
LE BARON, à Christophe.
Pour toi, inutile de l'apprendre, sans doute, que je te donne ton congé?
CHRISTOPHE.
Monseigneur...
LE BARON.
Paix!
CHRISTOPHE, montrant ses cinq doigts.
Cinq!.. La main y est.
SUZANNE, à Christophe d'un air railleur.
Quel malheur! M. le baron vous aurait appris les étiquettes!
LE BARON, se retournant
Hein?..

ENSEMBLE.

AIR: Quand on attend sa bourse; Valse d'Adelaïde (Strauss).

LE BARON.
Au devoir montrez-vous fidèle,
Et, bien que simple chevalier,
Souvenez-vous que par le zèle
En tous temps vous devez briller.

LE CHEVALIER.
A mon devoir toujours fidèle,
Comme doit l'être un chevalier,

Par mon dévouement et mon zèle
En tous temps on me voit briller.
CHRISTOPHE ET SUZANNE.
A l'étiquette trop fidèle,
Ce baron, pauvre chevalier,
Aujourd'hui, par excès de zèle,
Hélas! va le sacrifier!

(Le baron s'éloigne par le fond: les deux domestiques le suivent. — Suzanne remonte et le regarde partir. — Le chevalier passe à gauche.)

SCÈNE IX.
LE CHEVALIER, CHRISTOPHE, SUZANNE.

CHRISTOPHE, regardant partir le baron.
Bon débarras!..
LE CHEVALIER.
Refuser de m'entendre! me menacer de me séparer d'elle!
CHRISTOPHE.
Ce pauvre chevalier!
LE CHEVALIER.
Et maintenant que faire?
CHRISTOPHE.
Voulez-vous me croire? à votre place, moi, je..
SUZANNE, redescendant à droite.
Je me moquerais du baron... Et si la demoiselle vous aime.
CHRISTOPHE, s'oubliant.
Mais non...
LE CHEVALIER, vivement.
Non?.. comment?.. saurais-tu?
CHRISTOPHE, se reprenant.
Non... non, non!.. C'est à Suzanne que je réponds... je lui dis... non... ça n'est pas là un bon moyen... le meilleur c'est d'avoir du courage et de tâcher de l'oublier.
LE CHEVALIER.
Oublier Laure! renoncer à mon amour!..
CHRISTOPHE.
Ah! renoncer... Eh bien! Oui... Parce que, voyez-vous, toutes ces belles dames... je les connais... Si vous saviez comme je les connais...
SUZANNE, avec jalousie.
En vérité!
CHRISTOPHE, vivement.
De vue!.. à cette distance-là!.. (Il fait le geste de coiffer) à cette distance-là? En fait de sentiment, on ne sait jamais au juste ce qu'elles ont là.
(Il remonte et passe à gauche.)
LE CHEVALIER.
D'autres, c'est possible!.. Mais Laure!..

SUZANNE, au chevalier.*
Et dire que ce méchant baron vient vous chagriner si fort dans un pareil moment, quand nous comptions sur vous pour signer à notre contrat.
LE CHEVALIER.
N'avez-vous pas ma parole?
CHRISTOPHE.
Quoi? vous viendriez?
LE CHEVALIER.
Sans doute... L'aspect de votre bonheur sera pour moi une consolation.
(Il remonte.)
SUZANNE, allant à Christophe.*
Avec ça que je viens de prévenir le tabellion, en lui disant que c'était très pressé.
CHRISTOPHE.
Vous lui avez dit ça?
SUZANNE.
Certainement... Est-ce que ce n'est pas vrai?
CHRISTOPHE.
Si! si! si!... si! si! si! si!.. mais c'est égal... de votre part...
SUZANNE.
Eh bien! quoi?..
CHRISTOPHE, au chevalier qui redescend à droite.
Hein? quelle naïveté... Ah! Suzanne... que vous êtes... Suzanne?
SUZANNE, au chevalier.
Et, pour ne pas vous faire attendre, je vais aller m'habiller tout de suite... (Faisant une révérence) avec votre permission.
CHRISTOPHE.
C'est ça, allez vous émailler de fleurs d'oranger... quant au reste, à quoi bon !
AIR : *L'amour qué qu'c'est que ça?* (de M. J. Nargeot).
Pourquoi tant d'atours,
Mam'zelle?
Pourquoi tant d'atours? *Bis.*
Toujours.
Sans leur secours,
Moi, je vous trouve belle.
C'est connu, mam'zelle,
Nous sommes deux amours!
SUZANNE.
Avec points d'Alençon.
J' vas mettr' ma bavolette:
Faut bien êtr' coquette,
Près d'un si beau garçon.
LE CHEVALIER, à Christophe.
Bien, et toi!
CHRISTOPHE.
Je vais, moi,

* Christophe, le Chevalier, Suzanne,
** Christophe, Suzanne, le Chevalier,

Par égard pour Suzanne,
Comme un brillant sultan,
Endosser, ma sultane,
L'habit de bouracan.

ENSEMBLE.

LE CHEVALIER.

Mettez vos atours,
Ma belle,
Mettez vos atours.
Toujours.   *Bis.*
Sans leur secours,
Il vous sera fidèle.
Vous aurez, ma belle,
Ses seules amours.

SUZANNE.

L'heure des amours
Est belle :
Vivent les amours !
Toujours.   *Bis.*
Par leur secours,
Le cœur reste fidèle.
Oui, faisons nous belle.
Mettons nos atours.

CHRISTOPHE.

Mettons nos atours,
Mam'zelle,
Mettons nos atours,
Toujours,   *Bis.*
Sans leur secours,
Je suis beau vous êt's belle :
C'est connu, mam'zelle,
Nous sommes deux amours !

(Suzanne sort par le fond, Christophe entre à droite.)

SCÈNE X.

LE CHEVALIER, puis LAURE, en habits de chasse.

LE CHEVALIER, seul.

Ils sont heureux ! Ils vont se marier... Et moi... Maudit Baron ! Faut-il que son sot orgueil... mais nous verrons...

Air nouveau de M. Nargeot.

La loi d'apanage
Me repousse en vain,
De par le langage
D'un vieux parchemin...
Chevalier modeste,
J'ai peu de crédit ;
Mais l'amour me reste
Et seul me suffit,
L'amour qui me reste,
De tes lois se rit !
Non, non,
L'amour, cher baron,
N'eut jamais de blason :

Non, non,
L'amour, cher baron,
N'a pas de blason !

(Laure, qui a passé au fond et s'est arrêtée un moment sur la porte, entre et s'avance vers lui. — Il la voit et dit avec joie :)

Mademoiselle Laure !

(Il va au devant d'elle et la salue.)

LAURE.*

Monsieur le chevalier !... vous en ces lieux... où l'on m'avait dit que je devais trouver mon oncle... et comme la chasse va s'ouvrir...

LE CHEVALIER.

M. le baron était ici en effet...

LAURE, vivement.

Vous l'avez vu ?... Il vous a parlé ?...

LE CHEVALIER.

Oui, mademoiselle.

LAURE, à elle-même.

Ce que je craignais... (Haut.) Alors vous savez sans doute ?...

LE CHEVALIER.

Qu'il est fort courroucé contre moi, et qu'il me menace d'un long et cruel exil... Mais qu'il ne croie pas m'effrayer... Ma fortune, mon avenir sont entre ses mains, il est vrai..., mais de vous, de vous seule dépend mon bonheur... et tant que votre amitié me restera...

LAURE.

Comptez-y..., mais soyez plus circonspect, plus patient surtout. Le temps est un puissant auxiliaire... Fiez-vous à moi, et tout ira bien !

LE CHEVALIER.

Ah ! mademoiselle !... ces consolantes paroles !...

LAURE.

Air de *Lauzun* (Doche.)

Des caprices de mon tuteur
Je ne dois pas toujours dépendre :
Pourquoi provoquer sa rigueur
Quand il ne s'agit que d'attendre ?
Soyons prudents,
Et patients ;
Evitons nouvelles
Querelles...

LE CHEVALIER.

D'accord, mais pourvu que du temps
Nous n'allongions pas trop les ailes.
Mettons notre espoir dans le temps,
Mais n'allongeons pas trop ses ailes.

* Le Chevalier, Laure.

SCÈNE XI.
Les Mêmes, SUZANNE, en mariée.

SUZANNE, *entrant par le fond.*
Là !... me voilà prête !...
LAURE.
Quelle est cette jeune fille ?
LE CHEVALIER.
La future de Christophe.
LAURE.
Elle est charmante !
SUZANNE, *gaiment et faisant une révérence.*
Moi, mam'zelle, je ne demande pas qui vous êtes... ça se devine de reste... une belle jeune demoiselle avec un air si noble... Et puis, monsieur le chevalier qui paraît si content ..
LAURE.
Comment donc... des commentaires !... (Passant près du chevalier.) Surtout, plus d'imprudences.
(Le chevalier remonte avec Laure. — Ritournelle de l'air suivant.)
SUZANNE, *courant au chevalier.*
Eh bien ! eh bien ! monsieur le chevalier..., vous vous en allez ?... Et la signature du contrat ?...
LE CHEVALIER.
Rassure-toi... Je serai au rendez-vous... Il faut que je paraisse à mon poste... et dès que la chasse sera ouverte...
SUZANNE.
Vous viendrez chez le tabellion ?...
LE CHEVALIER.
Oui.
SUZANNE.
N'y manquez pas, au moins.
ENSEMBLE.
(Air de *la Dernière rose.* (Polka-mazurka de Heintz.)
SUZANNE.
Oui, nous comptons tous deux sur sa promesse ;
Mais le temps presse ;
Il doit par zèle
D'abord courir où le devoir l'appelle,
Et revenir enfin
Pour notre hymen.
LE CHEVALIER.
Oui, vous pouvez compter sur ma promesse ;
Mais le temps presse ;
Je dois, ma belle,
D'abord courir où le devoir m'appelle,
Puis je reviens enfin
Pour votre hymen.
LAURE.
Oui, vous pouvez compter sur sa promesse :

* Le Chevalier, Suzanne, Laure.
** Le Chevalier, Laure, Suzanne.

Mais le temps presse ;
Il doit, ma belle,
D'abord courir où le devoir l'appelle,
Puis il revient enfin
Pour votre hymen.

(Laure sort la première par le fond ; le chevalier la suit. Arrivé dehors, il veut s'éloigner avec elle, mais il obéit bientôt à un signe qu'elle lui fait de sortir du côté opposé au sien, et disparaît par la gauche, tandis que Laure s'en va par la droite.)

SCÈNE XII.
SUZANNE, puis CHRISTOPHE.

SUZANNE, *allant à la porte de droite.*
Allons donc, M. Christophe ! allons donc, lambin ! (Elle frappe à la porte.)
CHRISTOPHE, *en dehors.*
Entrez !
SUZANNE, *reculant.*
Par exemple !
CHRISTOPHE, *paraissant.*
N'ayez pas peur... je suis entièrement couvert... et un peu bien, je crois... (Allant se mirer dans une petite glace placée à gauche.) Comment me trouvez-vous, Suzanne ?
SUZANNE, *allant à lui.*
Hein ?... voilà toute l'attention que vous portez à ma toilette ?... C'est la vôtre qui vous occupe... (Le tirant par son habit.) Regardez-moi donc !...
CHRISTOPHE, *la regardant.*
Oh ! tournez-vous donc, Suzanne.
SUZANNE, *passant à gauche et se carrant.*
Vous voyez qu'on n'a pas besoin d'être une duchesse pour...
CHRISTOPHE.
Pour être fraîche et accorte, certainement... Et, en fait d'appas, je connais des marquises... et même beaucoup...
SUZANNE, *frappant du pied.*
Christophe !
CHRISTOPHE, *élevant la voix.*
Qui ne vous valent pas... qui ne vous valent pas !.. Mais aussi... (Déclamant.)
Convenez qu'un garçon
À l'oreille
Vermeille,
Taillé de ma façon,
Ferait merveille
Dans un' salon
De Trianon...
(Chantant.) Ton, ton, tontaine, ton, ton.

* Suzanne, Christophe.
** Christophe, Suzanne.
*** Suzanne, Christophe.

SUZANNE, *allant à lui.*
C'est ça..., toujours vos idées d'ambition... (Il lui prend la taille, elle lui échappe et passe à droite.) Écoutez, * monsieur Christophe... avant de m'engager à vous, je veux que vous me juriez d'oublier qu'il existe au monde des marquises et des princesses.

CHRISTOPHE.
Est-ce que je ne vous fais pas, Suzanne, le sacrifice de ma liberté ?...

SUZANNE.
Le sacrifice !... ce mot !...

CHRISTOPHE, *vivement.*
Non !... non !... je me trompe... ce n'est pas ça que je voulais dire... Allons, vite chez le tabellion !
(Ils vont pour sortir, et s'arrêtent en rencontrant Eloi.)

SCÈNE XIII.
LES MÊMES, ÉLOI.

ÉLOI **, *accourant du fond tout essoufflé.*
Patron ! patron !

CHRISTOPHE, *redescendant.*
Eh bien ! qu'est-ce ?

SUZANNE, *de même.*
Quel air effaré !

ÉLOI.
Et vite, et vite, prenez... ouf... j'ai tant couru... prenez vos lan... lan...

CHRISTOPHE, *chantant.*
Mes lanladérira ?

ÉLOI.
Eh non !... vos lancettes... et tout le bataclan !...

CHRISTOPHE.
Mes lancettes !... Pourquoi faire ?...

ÉLOI.
Pour... pour...

CHRISTOPHE, *remontant.*
Je n'ai pas le temps !...

SUZANNE, *de même.*
Dites qu'on attende...

ÉLOI.
Attendre !... madame de Châ...châ...teau...roux !

CHRISTOPHE et SUZANNE, *redescendant.*
Madame de Châteauroux !

ÉLOI.
Mais... oui... un accident... un... (S'arrêtant pour respirer.) Oh ! la... la rate... Elle est tombée !...

CHRISTOPHE.
Tombée... qui ?

* Christophe, Suzanne.
** Christophe, Eloi, Suzanne.

ÉLOI.
on cheval l'avait entraînée hors du gros de la chasse... tout à coup... un énorme sanglier qui traversait l'allée...

CHRISTOPHE.
Diantre !

SUZANNE.
Oh ! mon Dieu !...

ÉLOI.
En le voyant, la monture s'est effarouchée... et, sans M. le grand-louvetier qui s'est trouvé là...

CHRISTOPHE.
Le baron...

ÉLOI.
C'est lui qui a arrêté la bête !...

CHRISTOPHE.
Le sanglier !

ÉLOI.
Eh non !... le cheval !... Mais il s'est cabré ! et allez donc... patatras... les quatre fers à la renverse !

CHRISTOPHE.
Et madame la duchesse ?

ÉLOI.
Aussi... sur le gazon... et sans la moindre connaissance... mais rien de cassé... et sauvée, grâce à M. le baron ; c'est lui-même qui racontait l'événement... car personne ne l'a vu... et, ce qui s'est passé, il n'y a que lui et l'animal qui pourraient le dire... puisque cette pauvre dame... sur le gazon... mais allez donc vite... vous causez là... on appelle un médecin... un chirurgien... un apothicaire... n'importe quoi... allez donc !... allez donc !...

CHRISTOPHE.
Allez donc !... allez donc !... mais où ?...

ÉLOI.
A la Patte-d'Oie.

CHRISTOPHE, *allant au buffet.*
Saperlotte !... elle aurait bien dû attendre un peu * ; le tabellion va s'impatienter...

SUZANNE.
Il va s'en aller... et me v'là encore une fois reculée.

ÉLOI.
Que non... que non... je vas y dire le pourquoi c'est-ce !

CHRISTOPHE, *préparant sa trousse, qu'il a prise dans le buffet.*
Vite, Suzanne... mes flacons... (Suzanne va ouvrir le tiroir de la table du troisième plan à gauche **.) Une petite saignée... psstt ! c'est si vite fait !... (A part.) Avec ça qu'on dit la duchesse à la tête de deux bras les plus mignons !... Je ne serai pas fâché de... juger.

* Eloi, Suzanne, Christophe.
** Suzanne, Eloi, Christophe.

(Avec reproche.) Ah! Christophe! un homme quasi marié... fi!...
  SUZANNE, lui apportant un flacon. *
Eh bien! qu'est-ce que vous faites là?... Partez donc, et revenez bien vite...
  CHRISTOPHE. (Fausse sortie.)
J'y vais... Ah!...
  (Il revient vivement à elle, et l'embrasse.)
   SUZANNE.
Eh bien!...
  CHRISTOPHE, riant.
Pour me donner des jambes!
  (Il sort en courant par le fond.)

SCÈNE XIV.
SUZANNE, ÉLOI.
  SUZANNE, passant à gauche.
Là!... est-ce ennuyeux... juste au moment d'en finir!
  ÉLOI, qui avait suivi Christophe jusqu'à la porte, redescendant à droite.
Eh! bon Dieu, seigneur bon Dieu! quand vous attendriez encore un peu, mamzelle Suzanne!
  SUZANNE, vivement.
Encore un peu... vous appelez ça un peu! quand voilà plus de six grands mois que je... (Se reprenant.) Après ça, ce que j'en dis... vous comprenez bien que moi... mais c'est ce pauvre Christophe qui en dessèche..
  ÉLOI.
Lui!... il en *déchèche*... Ah ben! qu'est-ce que je dirai donc, moi!...
  SUZANNE.
Oh! vous, c'est bien différent... vous n'êtes pas amoureux, vous...
  ÉLOI, avec explosion.
Je ne suis pas amoureux, vous?... (Se reprenant.) moi? Et c'est vous qui me dites ça!...
  SUZANNE.
Mais Christophe m'aime tant! Et mettez-vous à sa place!
  ÉLOI.
Que je m'y mette!... à sa place! Et c'est encore vous qui me dites ça!... vous... vous... vous!... (Il soupire avec force.) Oh!...
  SUZANNE, surprise.
Hein? qu'est ce que vous avez donc à souffler comme ça!... Et puis vos yeux qui flamboient!
  ÉLOI, avec une chaleur comique.
C'est les flammes de mon cœur qui me sortent par les *orbitres*.

* Eloi, Suzanne, Christophe.
** Eloi, Christophe, Suzanne.

Air de l'*Odalisque*, acte II, scène VII.
Je rôtis, je grille!
Tout en moi fourmille,
 Frétille,
 Pétille!
Je n'mang', ni ne dors;
L'amour me picotte,
Ma cervelle trotte,
Ma raison barbotte...
J'ai le diable au corps!
Trop de feu me darde,
Si je n'y prends garde,
Bien sûr ma mansarde
Va s'incendier!
A moi votr'tendresse,
Ou, belle tigresse,
Sur mes pas sans cesse,
Placez un pompier!

 ENSEMBLE.—REPRISE.
  ÉLOI.
Je rôtis, je grille, etc.
  SUZANNE.
Il rôtit, il grille!
Tout en lui fourmille,
 Frétille,
 Pétille!...
Il n'mang',ni ne dort!
L'amour le picote,
Sa cervelle trotte,
Sa raison barbotte,
Il a l'diable au corps!

Et c'est une heure avant mon mariage que vous osez!
  ÉLOI.
J'ose... oui... allez donc... j'ose!... Il y a trop longtemps que ça couve là... il est un peu tard... mais tant que le tabellion n'y aura pas passé... et M. le curé.., il sera encore temps.., et si je vous disais la conduite... pitoyable de votre Christophe!
  SUZANNE.
Et si je lui racontais, moi, toutes les balivernes que vous venez de me débiter?
  ÉLOI, effrayé.
Oh! Suzanne!
  SUZANNE, regardant au fond.
Justement qu'il revient, j'crois, avec sa trousse.
  ÉLOI.
Sa trousse!... Oh Dieu! *motus*, Suzanne! car il pourrait bien se mettre aux miennes... de trousses!

SCÈNE XV.

Les Mêmes, LE CHEVALIER, puis **CHRISTOPHE.**

LE CHEVALIER, entrant vivement par le fond.*
Christophe! où est Christophe?... (Apercevant Suzanne.) Ah! c'est vous, ma chère, ma bonne Suzanne!

SUZANNE.
Ah! mon Dieu! cet air joyeux!... vous qui tantôt?...

LE CHEVALIER.
Ah! c'est que, depuis tantôt, mon sort a bien changé... Oui, mes amis, mes bons amis, sachez...

CHRISTOPHE**, entre en désordre par le fond, et court se jeter sur une chaise, près de la table à gauche.
Ouf!...

SUZANNE, poussant un cri.
Ah!... ah!... mon Dieu! m'a-t-il fait peur!

LE CHEVALIER***, allant à Christophe.
Qu'est-ce que c'est?... Qu'as-tu donc? Ce trouble... cette pâleur!...

CHRISTOPHE.
Oh! les femmes!... les femmes!... (Se levant, et passant près de Suzanne****.) Vite!... nos paquets!... Suzanne, aidez-nous!

LE CHEVALIER.
Mais qu'y a-t-il?

CHRISTOPHE.
Ce qu'il y a!... Oh! les femmes!... Et l'on parle de couleuvres... de vipères et autres choses malfaisantes!... Mais je les préfère!..

SUZANNE.
Par exemple!...

CHRISTOPHE.
Une duchesse que je venais d'inonder de mon eau de la reine de Hongrie!... Je lui avais versé toute la fiole!...

SUZANNE.
A Mme de Châteauroux!...

CHRISTOPHE.
Une femme que je venais de ressusciter... aux yeux de toute la cour... même que Sa Majesté Louis XV, satisfaite de mon zèle, daignait me toiser de ses augustes yeux, en suchottant avec tout plein de grands seigneurs, et m'adressait ces augustes paroles: « Vous vous
» nommez Christophe? — Oui, Sire. — Remy?
» — Oui, Majesté. — Vous êtes fils de Henri
» Remy Valois? — Oui, Sire. — Vous habitez
» Meudon?— Oui, Majesté.—Vous avez vingt-
» six ans? — Oui, Sire. — Et c'est chez vous
» qu'on a saisi certains papiers? — Ah! que fait Mme de Châteauroux, qui venait de rouvrir un de ses plus beaux yeux... Celui-là, je crois... non, celui-ci... enfin, n'importe.....
« Ah!... ah!... ah!... qu'elle fait comme ça en
» ricanant... c'est donc l'auteur de ces chan-
» sons? » Et elle vous me décoche un regard que j'en ai reculé jusqu'au seuil de la porte...
Et une fois là, il m'est venu des idées prison, Bastille... cachot... J'ai pris mes jambes à mon cou... et me voilà... Vite, Éloi, mes paquets... Suzanne, aidez-moi à faire mon sac.

(Éloi va décrocher un sac de voyage qui est pendu au fond à gauche, et Suzanne va au buffet, dont elle tire des effets et du linge.)

LE CHEVALIER, à Christophe.
Eh! non, puisque Sa Majesté et la duchesse souriaient...

CHRISTOPHE.
Le roi, passe... Mais la duchesse... un sourire de femme, voyez-vous... Je connais ça... ah! si vous saviez comme je connais ça!... Éloi, mon sac!... je pars, je m'*excepatrie*... je pars...   (Il va au buffet.)

ÉLOI, apportant le sac.
Pour où?

(Suzanne lui prend le sac des mains et le donne à Christophe.)

CHRISTOPHE.*
Pour n'importe pour où... pour la Hollande, pour l'Afrique, pour les déserts de l'Arabie *empêtrée*.
(Il empile les effets et le linge dans le sac.)

SUZANNE, à Christophe.
Et notre mariage?

CHRISTOPHE, tout en remplissant son sac.
Vous me suivrez... Nous le ferons là-bas...

SUZANNE.
Sans tabellion?

CHRISTOPHE, de même.
On peut s'en passer... vous verrez... Je vous épouserai à la manière de ce pays-là... Au tabellion près, ça revient absolument au même, vous verrez...

SUZANNE.
Par exemple!...

CHRISTOPHE**, venant donner son sac à Éloi.
Dépêchons, Éloi. N'oublie pas ma boîte à poudre et ma savonnette... Je poudrerai les nègres.. je les savonnerai... ça ne pourra pas leur faire de tort.   (Éloi passe à gauche.)

LE CHEVALIER***, riant et allant à Christophe.
Voyons, voyons, calme-toi. Laisse-moi d'a

---

* Suzanne, le Chevalier, Éloi.
** Christophe, Suzanne, le Chevalier, Éloi.
*** Christophe, le Chevalier, Suzanne, Éloi.
**** Le Chevalier, Christophe, Suzanne, Éloi.

* Éloi, le Chevalier, Christophe, Suzanne.
** Le Chevalier, Éloi, Suzanne, Christophe.
*** Le Chevalier, Éloi, Christophe, Suzanne.

bord m'informer... et peut-être pourrai-je arranger cela...
CHRISTOPHE.
Vous ?
LE CHEVALIER.
Oh ! j'ai quelque crédit à présent.
CHRISTOPHE.
Ah ! bah !
LE CHEVALIER.
Nous avons changé de rôle... Tu me consolais ce matin... Et maintenant, c'est à mon tour d'être heureux... d'espérer...
CHRISTOPHE.
Vrai ? Eh bien ! tant mieux... (Il lui prend la main gauche. — Le chevalier la retire.) Je vous ai fait mal ? Tiens !... vous êtes blessé ?...
SUZANNE et ÉLOI, se rapprochant.
Blessé !...
LE CHEVALIER.
Oh ! rien ! une égratignure... Tout à l'heure, à la chasse... en traversant un fourré... oui, mon bon Christophe... tu m'as vu tantôt humilié, repoussé par le baron de Hautbois...
CHRISTOPHE.
Le fait est qu'il vous a molesté. (A Suzanne). Il l'a molesté !...
LE CHEVALIER.
Et maintenant, il m'accueille...
CHRISTOPHE.
Ah ! bah !
LE CHEVALIER.
Il me protège.
CHRISTOPHE.
Ah ! bah ! bah !
LE CHEVALIER.
Il me donne sa nièce.
CHRISTOPHE.
Ah ! bah ! Ah ! bah ! bah !
LE CHEVALIER.
J'ai la promesse du baron.
CHRISTOPHE.
Mais comment ?... (Musique à l'orchestre.)
SUZANNE, allant au fond.
Chut ! On vient !
ÉLOI, de même.
Des militaires... des officiers....
CHRISTOPHE *, reprenant son sac des mains d'Éloi et passant à droite.
Des militaires !... Là, quand je vous disais... Ils viennent m'arrêter... je suis perdu !... Embastillé !... Cachez-moi... Pour l'amour de Dieu, cachez-moi, serrez-moi quelque part, et dites que je ne suis pas chez-moi... Je suis en Afrique...
(Il chercha à ouvrir la porte de la chambre à droite, mais sa main tremble si fort qu'il ne peut mettre la clé dans la serrure.)

* Le Chevalier, Éloi, Suzanne, Christophe.

ÉLOI, au fond.
Dépêchez-vous donc, les voici !...
CHRISTOPHE, jetant son sac.
Vous verrez qu'ils me demanderont ma tête.... (Descendant à droite.) Et voilà comme on a toujours traité les grands poètes qui se dévouaient pour leur pays !...

──────────────────

SCÈNE XVI.

LES MÊMES, LE BARON, OFFICIERS.

(Sur la ritournelle de l'air qui suit, le baron de Hautbois, accompagné de plusieurs officiers, entre par le fond et s'approche de Christophe. — Le baron a le bras en écharpe.)

FINAL.

Air final du premier acte de *Farinelli*. (Pilati.)
LE BARON *, à Christophe.
Au nom du roi, mon maître,
Venez, Christophe, suivez-moi !
CHRISTOPHE, ÉLOI, SUZANNE, LE CHEVALIER.
Au nom du roi !
LES AUTRES.
Au nom du roi !
SUZANNE, au baron.
Laissez-nous libres, je vous prie,
Car il y va de notre hymen.
CHRISTOPHE **, passant près du baron.
C'est aujourd'hui qu'on nous marie...
Donnez-nous seulement jusqu'à demain matin !

ENSEMBLE.
CHRISTOPHE, SUZANNE, LE CHEVALIER, ÉLOI.

Il faut bien $\genfrac{}{}{0pt}{}{me}{se}$ montrer docile,

$\genfrac{}{}{0pt}{}{\text{Puisqu'il me}}{\text{Puisque l'on}}$ parle au nom du roi,

La résistance est inutile
Soumettons-nous
Soumettez-vous $\genfrac{}{}{0pt}{}{}{}$ donc à sa loi.

LE BARON ET LES OFFICIERS.

A $\genfrac{}{}{0pt}{}{ma}{sa}$ voix montrez-vous docile,

Quand $\genfrac{}{}{0pt}{}{je}{}$ vous parle au nom du roi.
La résistance est inutile :
Soumettez-vous vite à $\genfrac{}{}{0pt}{}{ma}{sa}$ loi !

CHRISTOPHE, (parlé sur la musique qui continue à l'orchestre.)
Adieu ! ma Suzanne, si je dois mourir en prison, reste fille, en souvenir de moi !...

SUZANNE, pleurant.
Ah ! ah ! (Elle se jette dans ses bras.)

* Éloi, le Chevalier, le Baron, Suzanne, Christophe.
** Éloi, le Chevalier, le Baron, Christophe, Suzanne.

ELOI, à part.

Rester fille!... Mamz'elle Suzanne! Il n'y a pas de danger!... Je suis là, moi!...

LE CHEVALIER, passant près de Christophe et de Suzanne.

Du courage!.. (Il leur serre la main.)

REPRISE DE L'ENSEMBLE.

(Christophe embrasse encore Suzanne, qu'Eloi regarde du coin de l'œil. — Le baron donne une poignée de main au chevalier, pendant que Christophe se dispose à suivre les officiers. — Tableau.)

ACTE DEUXIÈME.

Le théâtre représente une salle du palais de Versailles. — Trois portes au fond : celle du milieu pleine, les deux autres vitrées. — Une petite porte à droite, au deuxième plan. — A gauche, premier plan, une cheminée avec pendule, candélabres, etc. — Du même côté, au deuxième plan, une fenêtre. — A côté de la cheminée, sur le devant, un sopha. — A droite, une table sur laquelle il y a ce qu'il faut pour écrire. — Fauteuils. — Riche ameublement.

SCÈNE I.

(LE COMTE, assis sur un sopha, LE BARON, LE MARQUIS, SEIGNEURS, puis UN HUISSIER DU CHATEAU.)

CHOEUR.

AIR : *A la pêche aux Maris.* (De la Chanteuse voilée. Chapeau qui s'envole).

Versailles voit briller une nouvelle altesse
Et sur ses pas ici déjà chacun se presse :
On célèbre bien haut sa grâce et sa noblesse,
  Mais on fronde tout bas
  Ses étranges ébats.

(Tous font un mouvement vers la porte du fond à gauche. — Le comte s'est levé.)

LE BARON, les arrêtant.

N'entrons pas encore, Messieurs, attendons le petit lever.... il ne fait pas jour chez le prince...

LE MARQUIS.

Le prince..... M. Christophe....., un ex.....
(Il fait le geste de savonner, les autres rient.)

LE BARON.

Chut! Il n'en est pas moins du sang royal.. Les papiers trouvés à son domicile ne laissent aucun doute sur son illustre origine... C'est un Valois, Messieurs, un véritable Valois..... Et si Henri II eût fait appeler un notaire, le descendant du fils qu'il eût de Nicole de Savigny serait aujourd'hui.... Mais non..., cette noble souche s'est abatardie.... et ses héritiers dégénérant de siècle en siècle.... (Il passe à gauche.)

LE COMTE. *

Sont tombés... tombés... tombés!...

LE MARQUIS.

Dans un plat à barbe ! (On rit.)

LE COMTE.

Le savon est chose si glissante!... (On rit.)

LE BARON.

Messieurs.... trêve de railleries.... vous oubliez toujours qu'il s'agit du cousin du roi !
(Il s'assied sur le sopha.)

LE COMTE.

C'est vrai... Mais le prince de Valois est le premier à parler de son ancienne profession.

LE MARQUIS.

A en rire.

LE BARON.

Laissez faire... Il n'est ici que depuis deux mois à peine ; mais étant chargé, en ma qualité de grand maître des cérémonies, de le façonner aux habitudes princières...

LE COMTE.

Oh! vous ne serez pas le seul à le former : les dames de la Cour vous viennent déjà en aide.

LE MARQUIS.

Elles en raffolent!... Quel étrange caprice !

LE COMTE.

Affaire de curiosité...... sa bizarrerie les amuse......

LE MARQUIS.

Mais elles s'en amusent trop.

LE COMTE.

Oh! vous, marquis, vous dites cela à cause de votre femme ! (Il rit.)

LE MARQUIS, avec colère.

Cette raillerie, M. le comte !
(Il s'avance vers lui d'un air me

LE BARON, se levant et accourant à eux et séparant. *

Messieurs!... Messieurs!... Dans les appartements du prince et lorsque son altesse va paraître!

UN HUISSIER, entrant par la porte du fond à gauche, et annonçant : **

Son Altesse Royale le Prince de Valois.
(Il sort après l'entrée de Christophe.)

* Le Comte, le Baron, le Marquis.
** L'Huissier, le Comte, le Baron, le Marquis.

SCÈNE II.
LE BARON, CHRISTOPHE, LE COMTE, LE MARQUIS, Seigneurs.

(Christophe vient par la porte du fond, à gauche ; il est en magnifique robe de chambre, et tout son deshabillé est celui d'un prince coquet et fastueux.)

CHŒUR.
Air : de la maîtresse d'été.

Noble descendant des Valois,
Devant vous ici l'on s'incline,
Et de votre haute origine
Reconnaît les augustes droits.

CHRISTOPHE.
C'est bien ! C'est très bien ! Messieurs... merci !.. Je suis on ne peut pas plus davantage... (Au baron qui lui parle bas) Comment ? (même jeu du baron) Ah ! Oui... C'est toujours avec le plus grand plaisir que je reçois vos politesses !

LE BARON, bas.
Les manifestations...

CHRISTOPHE.
Ah ! oui... Les manif... (Au baron) Comment ?

LE BARON, bas.
Manifestations.

CHRISTOPHE.
Les manista...

LE BARON, bas.
festations !

CHRISTOPHE, au baron.
Vous m'ennuyez !.. (Aux seigneurs) fin finale, je suis très satisfait... festations... (au baron) Ça y est! (Le baron fait un geste de découragement) Ça n'y est pas ?.. Alors... (aux seigneurs) Bonjour, messieurs... bonjour, comte.. bonjour, marquis... madame va bien ce matin ?

LE MARQUIS, embarrassé. *
Monseigneur !.. (Les autres rient sous cape.)

CHRISTOPHE.
Tant mieux !.. Et vous ?.. cette petite santé ?.. La mienne aussi... (Se frappant sur le ventre) Ventre-Saint-Gris !.. je crois que j'en prends tous les jours !.. (Les seigneurs rient et il rit plus fort qu'eux.) Ah ! ah ! ah !..
(Il revient près du baron.)

LE BARON, bas **
Prince, vous riez trop... Vous gesticulez trop !

CHRISTOPHE.
Suffit !.. on s'observera... (A part.) C'est vrai ! j'oublie toujours... (Haut et se posant.)

* Le Baron, le Comte, Christophe, le Marquis.
** Le Baron, Christophe, le Comte, le Marquis.

Je me suis levé un peu tard... (Allant au marquis.) Et madame a bien dormi ?

LE MARQUIS, sèchement. *
Très bien !

CHRISTOPHE.
Est-ce que nous la verrons ce soir ?

LE MARQUIS, sèchement.
Je ne sais, monseigneur...

CHRISTOPHE.
Ça me ferait plaisir... (Lui présentant sa tabatière.) En usez-vous ?
(Les seigneurs rient.)

LE BARON,** s'approchant de lui, bas.
Prince, que faites-vous donc ?.. l'étiquette vous défend...

CHRISTOPHE, s'impatientant.
Eh ! l'étiquette !..

LE BARON, bas.
Mais...

CHRISTOPHE.
C'est vrai... Depuis une heure, vous êtes là à m'asticoter..

LE BARON.
Prince, l'excès de mon zèle...

CHRISTOPHE.
Eh bien ! mon cher, votre zèle a un excès d'excès. (Se posant, aux seigneurs.) Sur ce, messieurs, comme nous n'avons rien de plus intéressant à nous dire, nous prions Dieu qu'il vous ait en sa sainte et digne garde... (Au baron) Est-ce ça ?(Au marquis) Au revoir, marquis, bien des choses à madame... si j'en étais capable !

LE COMTE, venant à la gauche du baron, bas.***
Monsieur le baron, recevez mes compliments sur les progrès de votre élève.

CHŒUR.
Air : de la rivière dans le dos.

A la gloire de sa naissance
Le nouveau prince fait honneur.
Grâce à la profonde science
De son illustre professeur !

(Le comte, le marquis et les seigneurs sortent par le fond-milieu, après avoir salué Christophe.)

SCÈNE III.
CHRISTOPHE, LE BARON.

CHRISTOPHE, pirouettant.
Ça, baron, que dit-on aujourd'hui par la ville !

LE BARON, s'approchant.
Monseigneur...

* Le Baron, le Comte, Christophe, le Marquis,
** Le Comte, le Baron, Christophe, le Marquis.
*** Le Baron, le Comte, Christophe, le Marquis.

CHRISTOPHE, le toisant fièrement

Qu'est-ce ?.. à distance donc !.. (Le baron recule.) plus loin .. encore !.. encore !.. l'étiquette veut douze pas entre un baron et un...

LE BARON, confus.

Pardon, monseigneur...

CHRISTOPHE, riant.

Ah ! ah ! ah !... ce pauvre baron !... Ah ! ah ! ah !.. allons, venez... venez-ça... je suis bon prince... (Le baron se rapproche.) Ah ! qu'il est mal coiffé !.. (Il lui arrange sa coiffure.)

LE BARON.

Ah ! monseigneur...

CHRISTOPHE, s'arrêtant en s'apercevant de sa bévue.

Diable ! C'est vrai... Eh bien ! que dit la ville ?

LE BARON.

Votre Altesse fait le sujet de toutes les conversations.

CHRISTOPHE.

En vérité ?

LE BARON.

Votre naissance, jusqu'ici inconnue.

CHRISTOPHE.

Aussi pourquoi, diable, mon brave homme de père m'en avait-il fait des cachotteries !

(Il s'assied sur le sopha.)

LE BARON.

Quelques mots écrits de sa main derrière votre écusson, soigneusement caché dans un placard, prouvent qu'il savait fort bien à quoi s'en tenir.

CHRISTOPHE.

Quels mots ?

LE BARON.

« Le bonheur est dans la médiocrité. »

CHRISTOPHE.

Chacun son idée... j'aime mieux être une altesse, avec tout ce qui s'ensuit, qu'un chétif barbier.

LE BARON.

Ce barbier avait pour armoiries* un panneau d'azur à champ de gueules avec trois fleurs de lys d'or, chargées en abime, d'un bâton de sable...

CHRISTOPHE, se levant et passant à droite, tout en parlant.

Oui, oui, je sais... et dire que c'est grâce à ces enmargouillis de fleurs, de bâton d'azur et de gueules abimées dans le sable, que je me suis vu tout à coup transformé en beau jeune prince que toutes les dames se disputent...*

Air de la Partie carrée.

Depuis deux mois que ma noble origine
Me fit avoir mon entrée à la cour,

* Le Baron, Christophe.

Un tendre essaim m'assiége et me lutine,
Et je deviens un tourtereau d'amour !
Ce doux sérail à la fin m'importune,
Je m'éteindrais bientôt dans les boudoirs...
Nouveau sultan, je ferais la fortune
D'un marchand de mouchoirs !

LE BARON, riant.

Oh ! charmant !... charmant !... mais cel va cesser... son altesse n'a pas oublié que roi l'attend, à dix heures, pour l'entreten relativement au mariage de monseigneu avec ma nièce.

CHRISTOPHE.

Oui, oui... mais vous êtes sûr qu'ell m'aime ?...

LE BARON.

Oh ! je l'atteste.

CHRISTOPHE.

C'est que, dans le temps, le chevalier d'A nouville s'imaginait aussi...

LE BARON.

Oh ! des folies, des rêves de jeune homm dont il est bien revenu ! D'ailleurs, il voyag en ce moment... une mission en Bretagne...

CHRISTOPHE, à lui-même.

Au fait, une jeune et charmante duchesse. mignonne, spirituelle, satinée... et qui m'a dore... ça me va... saperlotte... foi d'altesse ça me va !...

LE BARON, à part.

Je le tiens. (Haut.) A dix heures, prince. (Montrant la pendule.) et il en est neuf.

CHRISTOPHE.

C'est ma foi vrai ; je n'ai pas de temps perdre. (Il sonne. L'huissier entre par le fon à gauche.) Qu'on dise à mon valet de chamb de préparer ma toilette. (L'huissier sort

LE BARON.

Et moi je cours annoncer à ma nièce l'im mense honneur qui l'attend.

CHRISTOPHE.

Très bien. (A part, en passant à gauche C'est égal, quand je pense à l'autre... Pauvr Suzanne !...

LE BARON, tirant un livre de sa poche.

Ah ! surtout, prince, avant de vous préser ter chez Sa Majesté, n'oubliez pas de repasse le chapitre deux du cérémonial... Songez qu je suis responsable...

CHRISTOPHE.

De mes bêtises.

LE BARON.

Ah ! prince !

CHRISTOPHE, prenant le livre.

De mes balourdises. Allons... (D'un ton pr tecteur) C'est bien... allez... allez... mon trè cher !... (Le baron salue trois fois.) mon loyal mon féal... (A part.) Vieil animal d'origina va !... (Le baron sort par le fond du milieu

SCÈNE IV.
CHRISTOPHE, puis **ÉLOI**, en livrée.

CHRISTOPHE, sonnant de nouveau.
Allons donc !... dépêchons...
(Éloi entre par la porte du fond, à gauche. Il porte l'habit et le chapeau de Christophe qu'il dépose sur le sopha.)

ÉLOI.*
Quoi qu'il y a, patron ?..

CHRISTOPHE, fièrement en ouvrant son livre pour étudier.
Hein ?.. qu'est-ce ?.. patron ! Je vous ai déjà défendu cent fois, pécore que vous êtes !..

ÉLOI.
C'est vrai !.. Excusez, patron !

CHRISTOPHE, lui prenant l'oreille.
Altesse !.. Votre Altesse !.. Monseigneur !.. Prince !.. entends-tu ?
(Il le fait tourner et passer à droite)

ÉLOI.**
Le moyen que j'entende, si vous m'arrachez les ouïes !

CHRISTOPHE, le lâchant.
C'est juste !.. Allons vite.. mon cousin, le roi de France... mon cousin Louis le quinzième m'attend... vite... Tout ce qu'il faut pour me donner un œil de poudre...

ÉLOI.
Oui, pa... (Se reprenant) pas pa... non... monseigneur... (A part) Je peux pourtant pas m'habituer à le voir comme ça... un homme qui... il n'y a pas bien longtemps...
(Il fait le geste de poudrer.)

CHRISTOPHE, le regardant.
Hein ?.. quoi ?..

ÉLOI.
Rien... rien... (A part). Et à présent, qui...
(Il veut faire une pirouette et se jette sur un fauteuil.)

CHRISTOPHE, qui parcourt le livre.
Qu'est-ce ?.. (Éloi sort par la petite porte à droite. — Jetant le livre sur la table) Une duchesse !.. Il s'agit de se présenter d'une façon triomphante !.. Eh bien ?.. voyons !.. y sommes-nous ?..
(Il prend des poses et fait des saluts cérémonieux)

ÉLOI, rentrant par la petite porte à droite avec une boîte de perruquier.***
Voilà pa... non, prince!

CHRISTOPHE, regardant la boîte.
Mes anciens ustensiles !.. J'ai tenu à les conserver !

* Éloi, Christophe.
** Christophe, Éloi.
*** Éloi, Christophe.

AIR : *des frères de lait.*
Je les reçus de la main de mon père;
Lorsque j'appris mon modeste métier..
Ils ont pour moi combattu la misère,
Et tout l'éclat qu'ici je vois briller
N'a pas le don de les faire oublier !
(Il s'assied près de la table. — Éloi vient le poudrer.)
Mes vieux amis, soyez témoins des fêtes
Qu'à votre maître on prodigue en ces lieux !..
Moi qui jetais la poudre sur les têtes, } Bis.
Maintenant je la jette aux yeux.
Dans ce palais j'en jette à tous les yeux !..
(Éloi qui regarde curieusement autour de lui, lance sa houppe dans les yeux de Christophe.)

CHRISTOPHE, le repoussant et se levant.*
Oh ! animal ! tu m'abîmes les miens... tu m'aveugles !.. butor !.. maroufle !..

ÉLOI.
Excusez... je...

CHRISTOPHE, qui s'essuie, lui arrachant la houppe.
Eh ! imbécile !... Est-ce comme ça que je t'ai appris à tenir une houppe ?... Tiens, bêta !... Et le mouvement, voilà !...
(Il exécute le mouvement.)

ÉLOI.
C'est vrai, patron !

CHRISTOPHE, lui lançant trois ou quatre coups de houppe.
Prince !... entété ; Altesse !... faquin... Monseigneur ! parpaillot.
(En disant cela, il le fait tourner.)

ÉLOI, tombant assis près de la table et éternuant.**
Atchi !... Oui... je sais... (Se levant.) Mais comme vous étiez en train de...
(Il fait le geste.)

CHRISTOPHE, rejetant la houppe dans la boîte que tient toujours Éloi.
C'est pourtant vrai !... Si l'on m'avait surpris ici... dans le palais... moi qui ai juré à mon auguste parent... (A Éloi.) Voyons, habille-moi.

ÉLOI.
Tout de suite, mon bon prince... (A part.) Prince !... un homme qui...
(Il fait le geste de poudrer.)

CHRISTOPHE, qui l'a vu dans la glace.
Ah ! ça, mais qu'est-ce que ce nigaud a donc aujourd'hui... avec ses... (Même jeu.)

ÉLOI.
J'étudiais le mouvement.
(Il pose la boîte sur la table.)

CHRISTOPHE, ôtant sa robe de chambre, qu'il jette sur le sopha.
Mon habit ?...

* Christophe, Éloi.
** Éloi, Christophe.

ÉLOI, allant prendre l'habit et le passant à Christophe. A part*.

Ce serait peut-être le moment de lui faire la commission de mam'zelle Suzanne, puisqu'elle veut absolument le voir.

CHRISTOPHE, s'approchant de la porte du fond, à droite.

Eh mais... je ne me trompe pas... C'est lui, (A Eloi.) Eloi, vois donc... reconnais-tu ?

ÉLOI.

Qui donc ?

CHRISTOPHE.

Ce jeune homme qui monte les escaliers quatre à quatre...

ÉLOI.

Monsieur le chevalier d'Arnouville !

(Il prend la robe de chambre sur son bras.)

CHRISTOPHE.

N'est-ce pas ?... c'est bien lui !... Ah ! palsembleu ! je ne serais pas fâché qu'il me vît sous ce joli accoutrement... Va, cours lui annoncer...

(Il passe à gauche et prend son chapeau sur le sopha.)

ÉLOI, qui a couru au fond à droite.**

Inutile... le v'là qui vient de soi-même. (A la cantonnade.) Laissez entrer ; monseigneur permet.

(Le chevalier entre par le fond à droite. — Eloi salue et sort par la petite porte à droite, en emportant tout ce qui a servi à la toilette.)

SCÈNE V.

CHRISTOPHE, LE CHEVALIER, puis LE BARON.

CHRISTOPHE, sans regarder le chevalier et tout en s'étudiant dans la glace à jeter élégamment son chapeau sous son bras.

Ah ! c'est vous, chevalier ?

LE CHEVALIER, avec empressement.

Combien je suis heureux, mon ami, d'apprendre...

CHRISTOPHE, même jeu.

Ah ça, mon bon, par quel hasard êtes-vous ici ? Nous vous croyions en voyage.

LE CHEVALIER.

En effet, je... (A part.) Quel changement !

CHRISTOPHE, même jeu.

Eh bien ?

LE CHEVALIER.

Eh bien... (Avec effort.) Prince, j'ai cru nécessaire de revenir...

CHRISTOPHE.

Parce que ? (Il lance son chapeau qui tombe à terre.) Holà ! quelqu'un !... mon chapeau ! (Le chevalier le ramasse et le lui donne.) Ah ! bien, pardon, chevalier... (Il passe à droite, s'assied près de la table et se croise les jambes en jouant avec son jabot et sa tabatière.) Vous disiez...

LE CHEVALIER, à part*.

Allons !... et lui aussi !... Ce Christophe si cordial...

CHRISTOPHE.

Comment ?

LE CHEVALIER.

Je disais, monsi... (Se reprenant.) monseigneur, que je suis revenu... parce que j'ai craint que le baron de Hautbois ne voulût profiter de mon absence pour éluder sa promesse formelle !

CHRISTOPHE.

Une promesse !... ah !... oui ! je sais... Comment, vous y songez encore ?

LE CHEVALIER.

Je n'ai pas d'autre pensée !

CHRISTOPHE, à part.

Pauvre chevalier... il me fait de la peine... ; mais puisqu'on ne l'aime pas...

LE CHEVALIER.

Et comme vous pouvez beaucoup sur le baron... je venais vous supplier...

CHRISTOPHE, se levant.

Moi !... (A part) il s'adresse bien... (Voyant entrer le baron qui arrive par le fond-milieu.) Est-ce que je suis en retard ? (Il va au-devant de lui.—Le chevalier passe à droite.)

LE BARON.**

Pas précisément, prince, mais il faut vous hâter... Voici l'heure... (Christophe va à la glace.*** Apercevant le chevalier.) Que vois-je ? Le chevalier ici !

(Le chevalier salue et va à Christophe.)

LE CHEVALIER, à Christophe.****

Prince... de grâce, quelques mots en ma faveur.

CHRISTOPHE, d'un ton léger.

Bien... bien... mais vous avez entendu ?... L'heure presse... mon cousin m'attend. Je vous laisse... (Il passe au milieu.*) Nous nous reverrons ; et, pour l'amour de Dieu, soyons raisonnable... un peu de philosophie, jeune homme... modérez vos passions... O Dieu ! les passions !...

(Il lui donne une petite tappe sur la joue, et sort par le fond, au milieu, en riant aux éclats. — Le baron, qui rit avec lui, le suit jusqu'au fond, en le saluant à plusieurs reprises.)

* Le Chevalier, Christophe.
** Le Baron, Christophe, le Chevalier.
*** Christophe, le Baron, le Chevalier.
**** Le Chevalier, Christophe, le Baron.

* Christophe, Eloi.

SCÈNE IV.
LE CHEVALIER, LE BARON.

LE CHEVALIER, à lui-même, avec colère.
Ah tant d'impertinence !... Il était temps qu'il sortît ! ou j'allais oublier, je crois, que ce n'était plus le Christophe d'autrefois...

LE BARON, accourant à lui, d'un air courroucé.
Comment se fait-il, monsieur le chevalier, que, vous croyant à cent-cinquante lieues de céans...

LE CHEVALIER, froidement.
Que voulez-vous, monsieur le baron, la patience m'a manqué.

LE BARON, sévèrement.
Et vous, vous avez manqué à vos devoirs...

LE CHEVALIER.
Pour vous épargner le regret de n'avoir pas rempli vos engagements envers moi.

LE BARON, d'un ton hypocrite.
Est-ce ma faute si Sa Majesté a disposé autrement de la main de ma nièce ?

LE CHEVALIER.
Il est donc vrai !... (Avec emportement, au baron.) Et vous l'avez souffert !...

LE BARON.
Quand Sa Majesté dit : Je veux !...

LE CHEVALIER.
Air du *Premier prix.*
Oh ! votre conduite est indigne !...
Parjurer ainsi votre foi !...

LE BARON.
Il faut bien que je me résigne
A suivre les ordres du roi !

LE CHEVALIER.
Vous inventez un artifice,
Que réprouve la loyauté...

LE BARON, avec dignité.
Monsieur, chacun me rend justice...
Je n'ai jamais rien inventé ! (*Bis.*)

LE CHEVALIER, vivement.
Mais puisque vous avez violé votre promesse... je me dégage de celle que je vous avais faite : le roi et madame de Châteauroux sauront la vérité...

LE BARON, effrayé.
Silence ! monsieur, silence !... Que puis-je faire ? Sa Majesté veut que Mlle de Montbary épouse le prince de Valois.

LE CHEVALIER, stupéfait.
Le prince de Valois !...

LE BARON.
Lui-même... Son Altesse aimait Laure depuis longtemps... Ce que j'ignorais absolument...

LE CHEVALIER.
Christophe !... Une telle perfidie !.. Ah ! le prince en est incapable !... Il sait combien j'aime Mlle de Montbary... Non... non... c'est impossible... vous le calomniez !...

LE BARON.
Monsieur !

LE CHEVALIER.
Vous le calomniez, vous dis-je !...

ENSEMBLE.
AIR : *Ton feutre prend un bain* (Chapeau qui s'envole !)

LE BARON.
Prenez un autre ton,
Ou vous allez vous faire
Une méchante affaire,
Qui serait sans pardon.

LE CHEVALIER.
Ce projet me confond,
Mais il n'est pas sincère ;
On ne saurait me faire
Un si sanglant affront !

SCÈNE VII.
LES MÊMES, CHRISTOPHE.

CHRISTOPHE, venant du fond-milieu. *
Qu'est-ce ?... Une dispute... des cris !...

LE CHEVALIER, courant à lui.
Ah ! prince !... venez vous-même confondre cet homme qui vous accuse d'une action indigne et déloyale...

CHRISTOPHE, au baron.
Par exemple !...

LE CHEVALIER.
N'est-ce pas que vous ne m'avez pas trahi ?

CHRISTOPHE.
Moi ? incapable !

LE CHEVALIER.
Que vous n'aimez pas Mlle de Montbary ; que vous n'avez pas sollicité sa main... que vous ne l'épouserez pas ?

CHRISTOPHE.
Ah ! vous savez ? (Au baron.) Vous lui avez donc dit ?

LE BARON.
Prince !

CHRISTOPHE, se posant majestueusement.
Fichu maladroit !   (Le baron remonte.)

LE CHEVALIER, avec emportement.
Cela est donc vrai !

CHRISTOPHE.
Là !... là !.. calmez-vous !...

LE CHEVALIER.
Vous... vous, depuis si longtemps confident de mes pensées, de mon espoir, de ma tendresse... Ah !... c'est infâme !...

* Le Chevalier, Christophe, le Baron.

LE BARON, descendant près du chevalier.*
Monsieur, vous oubliez...
LE CHEVALIER, le repoussant.
Laissez-moi!... (Avec fureur, à Christophe.) C'est une lâcheté !
CHRISTOPHE.
Hein ?... Comment ! Vous avez dit...
LE BARON, redescend près de Christophe.
Il l'a dit!
CHRISTOPHE, repoussant le baron.
Laissez donc ! ** (Au chevalier.) Et moi, je vous dis que ça n'est pas vrai... vu qu'on m'aimait avant vous... Et vous allez retirer bien vite ce gros vilain mot-là.
LE CHEVALIER.
Jamais... Et puisque c'est le seul moyen que j'aie de me venger de vous, je le répéterai devant tous, et en tous lieux...
CHRISTOPHE, s'animant.
Vous irez dire partout que j'ai fait une...
LE CHEVALIER.
Oui !
CHRISTOPHE, s'avançant sur lui.
Je suis donc un lâche ?
LE BARON, voulant le retenir.
Monseigneur!...
CHRISTOPHE, le repoussant.
Eh! laissez donc, vous !
LE BARON, remontant.
Je vais appeler des gardes...
CHRISTOPHE.
C'est inutile!...   (Le baron redescend.)
LE BARON, au Chevalier.
Téméraire!... Si j'avais mon épée... je.. je... la donnerais à Son Altesse, qui vous la passerait...
CHRISTOPHE.
Je m'en passerai bien !... Des épées!... Je ne connais pas ça!...

AIR : *De sommeiller encor, ma chère.*
Sous les brillants habits d'altesse,
Que mon rang m'oblige à porter,
J'ignore si la politesse
Veut que je me laisse insulter !
Mais ces lois-là, je les évince,
Qu'on les enseigne à des peureux !
J'étais perruquier, je suis prince... } *Bis.*
Je me sens là du cœur pour deux ! }
(Retroussant ses manches, au chevalier.)
Retirez-vous ce mot !...
LE CHEVALIER.
Jamais !... dussiez-vous me jeter à la Bastille !
CHRISTOPHE.
A la Bastille! Non!... Mais, mille noms d'un petit bonhomme... par cette fenêtre !...
(Il va ouvrir la fenêtre. — Le baron le suit. — Le chevalier passe à droite.)

* Le Chevalier, le Baron, Christophe.
** Le Chevalier, Christophe, le Baron.

LE BARON, voulant arrêter Christophe.*
Ah ! Votre Altesse daignerait-elle même lui faire l'honneur...
CHRISTOPHE.
Oui... je lui ferai cet honneur-là !...
LE BARON.
Mais...
CHRISTOPHE.
Et à vous aussi... si vous ne vous tenez pas en repos.
LE BARON.
Permettez-moi d'appeler...
CHRISTOPHE, le jetant sur le sopha.
Eh ! laissez donc ! ** je n'ai besoin de personne... Un gringalet pareil !... j'en jetterais une douzaine...
(Le baron se relève et va au fond.)
LE CHEVALIER.
Prince, n'approchez pas...
LE BARON, au fond.
Holà ! capitaine des suisses !
CHRISTOPHE, au baron.
Je vous défends...   (Il passe à gauche.)
LE BARON. ***
Prince, mon devoir m'ordonne. (Au chevalier.) Et la prison lui apprendra.
LE CHEVALIER, avec ironie.
En effet, le moyen est commode pour se débarrasser d'un rival...
CHRISTOPHE, au baron.
Vous entendez ?.. Mais je n'en veux pas... non... Et la preuve... (Passant près du chevalier) Sortez... (Au baron) Et vous, accompagnez-le... Et si j'apprends qu'on lui ait arraché un cheveu !... (Au chevalier) mais nous nous reverrons... plus tard.. Ah ! je fais des lâchetés ! Ventre-Saint-Gris !..

AIR: *d'Huydé.—Va-t'en d'ici, grand Lovelace*
(Chapeau qui s'envole.)

Chevalier, bientôt votre injure
Aura son juste châtiment,
Et vous apprendra si j'endure
Les offenses d'un insolent !
LE CHEVALIER.
Bientôt je vengerai l'injure
Qui me blesse profondément,
Et vous apprendra si j'endure
Un procédé si révoltant !
LE BARON.
Le prince punira l'injure
De ce téméraire insolent,
Qui, malgré sa naissance obscure
Lui fait un outrage si grand !
(Le chevalier et le baron sortent par le fond-milieu.)

* Christophe, le baron, le Chevalier.
** Le Baron, Christophe, le Chevalier.
*** Christophe, le Baron, le Chevalier.

SCÈNE VIII.

CHRISTOPHE, puis ÉLOI.

CHRISTOPHE, très animé, allant au fond.
Ah! oui... nous nous reverrons; avec ou sans étiquette!.. (Redescendant) Parce qu'on est Altesse, il faudrait donc recevoir de ces avanies-là, tranquillement! les mains dans ses poches?.. Allons donc! ça dégoûterait de l'état de prince. (Allant se mirer) Heureusement, il y a des dédommagements... Témoin notre petite causette de tout à l'heure avec mon beau cousin... C'est décidé; il signera demain à mon contrat... Et mon auguste cousine s'est chargée de composer la corbeille que je vais offrir à ma noble future... Ça devra être du cossu... (Cherchant autour de lui) Eh! mais, je devrais la trouver ici...

ÉLOI, entrant avec précaution par la petite porte à droite et regardant,
Oui... il est encore là!...

CHRISTOPHE.
Ah! dans ma chambre peut-être...
(Il va vers la porte du fond, à gauche.)

ÉLOI, s'approchant.
Monseigneur...

CHRISTOPHE, se retournant.
Qu'est-ce que tu veux?...

ÉLOI, embarrassé.
Monseigneur... c'est... Comme ça, vous êtes visible?...

CHRISTOPHE.
Moi? Dam! je te le demande. Est-ce qu'il y a quelqu'un là?

ÉLOI.
Pas encore... mais voilà ce que c'est.

CHRISTOPHE.
Voyons ce que c'est...
(Il descend la scène avec Éloi.)

ÉLOI, à part.
Il est bien disposé... ça va aller tout seul... (Haut) Il faut vous dire, monseigneur, que j'aime une jeunesse... depuis longtemps, mais en dessous...

CHRISTOPHE.
En dessous?... comment ça, en dessous?

ÉLOI.
Voilà ce que c'est... Dans ce tems-là, je craignais... mais aujourd'hui, que vous êtes un grand seigneur... ça vous sera bien égal que nous nous épousions... Pas vrai?

CHRISTOPHE.
Le fait est que je m'en soucie comme de ça!
(Il lui donne une pichenette et fait une pirouette en passant à droite.)

* Christophe, Éloi.

ÉLOI, se frottant le nez.
Monseigneur est bien bon! C'est ce que je me tue de lui répéter depuis quinze jours qu'elle est ici chez sa tante, la femme d'un jardinier... mais elle ne veut pas m'écouter... c'est-à-dire... elle m'écoute bien.... mais...

CHRISTOPHE.
Elle ne t'écoute pas?..

ÉLOI.
Si fait... mais... voilà ce que c'est.

CHRISTOPHE.
Allons donc... voilà une heure que tu me dis : voilà ce que c'est... et tu barbottes.

ÉLOI.
Voilà ce que c'est. (Mouvement de Christophe.) Elle m'a dit : Je m'en retourne dans mon pays de la Lorraine... Et je vous permets de venir m'y rejoindre dans trois mois pour m'épouser, si vous voulez...

CHRISTOPHE.
Eh! bien alors...

ÉLOI.
Attendez donc... voilà ce que c'est... si vous voulez m'introduire près de lui...

CHRISTOPHE.
De lui? de qui?

ÉLOI.
De vous!.. De lui, de qui? de vous!

CHRISTOPHE.
Elle veut me voir?..

ÉLOI.
Et si je n'obtiens pas cette faveur-là, elle ne m'épousera pas...

CHRISTOPHE.
Ah! il paraît qu'elle y tient diantrement...

ÉLOI.
A m'épouser?..

CHRISTOPHE.
Non... à me voir! (Passant à gauche et avec fatuité.) Elle m'aura aperçu dans les jardins... (A Éloi.) Et qui donc?

ÉLOI.
Eh bien!.. Elle... mam'zelle Suzanne!

CHRISTOPHE, vivement.
Suzanne!

ÉLOI, à part.
Aïe! j'étais sûr que ça lui ferait encore quelque chose!..

CHRISTOPHE.
Suzanne est ici... Et elle veut me voir!

ÉLOI.
Un petit moment! rien qu'un coup-d'œil avant de partir.

CHRISTOPHE, le prenant au collet et le secouant.
Ici depuis quinze jours... Et quand je demandais de ses nouvelles, tu me disais qu'elle était à Meudon... et qu'on ne savait ce qu'elle était devenue... Elle était ici!.. drôle!

* Éloi, Christophe.
** Christophe, Éloi.

ÉLOI.
Je savais qu'elle se cachait à cause de M. le baron...

CHRISTOPHE, le lâchant.
Du baron ?

ÉLOI.
Elle en a une peur terrible.

CHRISTOPHE.
Pourquoi ça ?

L'HUISSIER, entrant par le fond-milieu et apportant une riche corbeille.*
Monseigneur, c'est une corbeille que M. le baron envoie.

CHRISTOPHE, remontant ainsi qu'Éloi.
De la part de la reine, bien !.. bien !.. je sais... voyons... (Il l'ouvre) Oh ! magnifique !..

ÉLOI, regardant.
Ah ! superbe ! en voilà-t-il !...
(Il met la main dans la corbeille.)

CHRISTOPHE, lui donnant une tape sur la main.
Veux-tu bien, bélître !... (A l'huissier.) Mettez-là ici ! Non..., dans cette chambre... (Il désigne la porte du fond à gauche : l'huissier y entre.) ** (A part). Il est inutile que Suzanne apprenne... (Haut à Eloi.) Va donc... Et puisqu'elle craint tant le baron, fais-là monter par les petits escaliers....

ÉLOI.
Oui, Monseigneur !
(Il sort par la petite porte à droite)

∘∘∘

SCÈNE IX.

CHRISTOPHE, puis SUZANNE et ELOI.

CHRISTOPHE.
Ah ! tu te permets d'avoir des idées sur Suzanne, elle ta femme !... Pauvre petite !... Un malotru pareil !... Que non pas !...

ÉLOI, rentrant par la droite.
La v'là, Monseigneur.... Entrez, mamz'elle ! (Suzanne entre timidement par la petite porte à droite.)

CHRISTOPHE, à part. ***
Jouissons de son ébahissement.

SUZANNE, à Eloi.
Où est-il ?

ÉLOI, le montrant.
Eh ben ! Pardi !... là-bas...

SUZANNE.
Ciel ! il serait possible !...
(Elle passe au milieu.)

CHRISTOPHE, à part. ****
Je l'éblouis ! (Haut à Suzanne.) Approchez, ma mie, approchez...

* Christophe, l'huissier, Eloi.
** Christophe, Eloi.
*** Eloi, Christophe.
**** Christophe, Eloi, Suzanne.

SUZANNE.
Monseigneur... Monseigneur !...

ÉLOI, la tirant par son jupon.
Là !... Vous l'avez vu ? à présent... venez-vous-en !

SUZANNE.
Un moment donc...

CHRISTOPHE.
Qu'est-ce qu'il vous dit ?... (A Eloi.) Qu'on nous laisse !...

ÉLOI, à Suzanne.
Vous entendez... Monseigneur dit qu'on laisse... Venez-nous-en !
(Il la tire encore par son jupon.)

CHRISTOPHE, arrêtant Suzanne.
Oh ! pas vous... (Il la fait passer à sa droite. A Eloi.) Toi... va-t-en !

ÉLOI.
Que je m'en aille... tout seul.... Ça vous gêne donc que je reste ?...

CHRISTOPHE.
Oui !   (Il va voir au fond.)

ÉLOI, à part.
Ça le gêne... Aïe !

SUZANNE, à Eloi.
Allez !... Allez donc !

ÉLOI, à part.
Ça la gêne aussi !... Aïe !... Ça les gêne tous les deux !... Aïe ! Aïe !

CHRISTOPHE, à Eloi en redescendant.
Mets-toi dans la galerie... Et, si tu aperçois quelqu'un..., le baron surtout.... Avertis-nous.

ÉLOI, passant au milieu. **
Oui, oui... Prenez-garde, mamz'elle.... Et quelquefois vous aviez besoin de moi, (frappant dans ses mains,) v'lan, dans votre main ! Et j'arrive...

CHRISTOPHE, le poussant jusqu'au fond.
Encore là !... Mais va ! Va donc !
(Il le pousse en dehors par le fond-milieu, ferme la porte.)

∘∘∘

SCÈNE X.

SUZANNE, CHRISTOPHE, puis ELOI

CHRISTOPHE, revenant à Suzanne.
Par la sambleu, ma toute charmante, vous avez eu là une heureuse idée de venir me voir...   (Il veut lui prendre la main.)

SUZANNE, la retirant.
Ah !

CHRISTOPHE.
! Quoi ? N'allez-vous pas vous effaroucher avec un ancien ami... si joyeux, ravi de vous voir, qu'il ne tient qu'à vous de reprendre ici la place que vous y occupiez !

* Suzanne, Christophe, Eloi
** Suzanne, Eloi, Christophe.

ACTE II, SCÈNE X.

SUZANNE, avec joie.
Ici?... quoi, Monseigneur!
(Elle regarde autour d'elle.)
CHRISTOPHE.
Oh! oh!... Entendons-nous... j'ai dit... ici...
(Il lui prend la main et la met sur son cœur.)
Là..., sur mon cœur..., là!... Parce que vous comprenez..., nous autres..., grands personnages..., quand on porte des champs azur.... et des bâtons... avec du sable... dans les.... On ne peut pas..., vous comprenez?...
(Il veut lui prendre la taille.—Elle l'arrête d'un geste.)
ELOI, paraissant au fond-milieu.
Vous avez appelé?
CHRISTOPHE, avec colère.
Eh non! animal!
(Il va à lui. — Suzanne passe à droite.)
ELOI, part.
Aïe! aïe! Qu'ils sont donc rouges tous deux.
(Christophe le regarde.—Il disparaît.)
CHRISTOPHE, à Suzanne, la conduisant au sopha.
Voyons, ma belle! Soyons raisonnable!... Je sais bien, mon Dieu, je sais fort bien qu'on a vu des princes épouser des... mais d'abord c'était jadis... du temps des Romains.... ou des Carthaginois... Et puis, l'histoire ne relate aucune blanchisseuse.
(Il la fait asseoir et s'assied à côté d'elle.)
SUZANNE.
Ça s'est vu, pourtant....
CHRISTOPHE.
Ah bah! elle en relate?...
SUZANNE.
Ma tante me l'a dit..., un poëte aussi... M. Dufresny... fils d'Henri-le-grand...
CHRISTOPHE.
Au fait.... Oui....
SUZANNE.
Là, vous, voyez bien.... Je ne serais pas la première?... Et si vous aviez parlé au roi, peut-être qu'il aurait consenti?...
CHRISTOPHE.
Lui! ah bien oui! Vous ne connaissez pas, ô Suzanne, la tyrannie de la grandeur... (Il l'embrasse.) Fatale grandeur!
SUZANNE.
Alors, vous vous seriez adressé à la reine : les femmes, ça comprend toujours mieux ces peines-là.
CHRISTOPHE.
Impossible.
SUZANNE.
Pourquoi donc?... j'irais bien, moi... Dites seulement que vous consentez. (Elle se lève.)

* Suzanne, Eloi, Christophe.

CHRISTOPHE, la faisant rasseoir.
Vous chez la reine!... une petite... si peu de chose... en casaquin... Pauvre biche!... Mais à quoi bon tout cela?... Puisque vous m'aimez, puisque je vous aime toujours!
(Il lui prend la taille.)
SUZANNE, cherchant à lui échapper et se levant.
Monseigneur... laissez-moi...
CHRISTOPHE, se levant aussi.
Soit, mignonne; mais avant, un baiser, un seul...

ENSEMBLE.

CHRISTOPHE.
Un seul baiser
Ne peut se refuser...
Ah! rebelle
Trop cruelle
De toi je veux à l'instant l'obtenir,
Ou bien te le ravir.
SUZANNE.
Non, ce baiser,
Je dois vous refuser,
En rebelle
Mais fidèle
A mon devoir, d'ici je vais partir
Loin de vous je veux fuir.

(En chantant cet ensemble, Suzanne a passé à gauche. Christophe cherche à l'embrasser. Elle lui donne un soufflet.)
CHRISTOPHE, la lâchant.
Peste! quel coup de battoir!
ÉLOI, entrant vivement par le fond-milieu.*
Ah! cette fois!
CHRISTOPHE, colère
Eh bien! quoi? cette fois?...
ÉLOI.
Dam! j'ai entendu... (Il frappe dans sa main.)
V'lan! le signal!
CHRISTOPHE, allant à lui.
Va-t-en, animal, butor!
ÉLOI, les regardant et passant à droite, toujours au fond. — A part.**
Ah! ben!... en v'là des coquelicots!... (Montrant Christophe) lui, surtout!... de ce côté-là!..
(Il désigne la joue soufflétée.)
CHRISTOPHE, à Eloi.
T'en iras-tu!... (Eloi sort vivement par la porte du fond, à droite. — Arrêtant Suzanne qui veut le suivre.) Restez!...
SUZANNE, avec fermeté.***
Non, monseigneur... je pars... Je vois bien actuellement que je m'étais trompée et je m'en veux bien... d'avoir bravé les menaces que me

* Suzanne, Christophe.
** Suzanne, Eloi, Christophe.
*** Suzanne, Christophe, Eloi.

faisait M. le baron pour m'empêcher de venir à Versailles...

CHRISTOPHE.
Des menaces !

SUZANNE.
Et quand je venais près de vous, si heureuse... oh ! mais si heureuse, que je tremble encore...

CHRISTOPHE, lui prenant la main.
C'est pourtant vrai ! (A part.) Pauvre fille !..

SUZANNE.
Vous me parlez, vous me traitez... (Pleurant.) Oh ! c'est indigne !... Et je m'en veux bien... de vous aimer... (Se reprenant.) Non... oh ! non, ne croyez pas ça... Je ne vous aime plus du tout... Adieu !...

CHRISTOPHE, l'arrêtant.
Suzanne ! Suzanne !... vous ne me quitterez pas comme ça... Eh bien ! oui, là, c'est vrai... j'ai eu tort et vous avez raison... Je ne méritais pas.. un attachement, un cœur !... Voyons, ma petite Suzanne, ne pleurez plus ; d'abord, vous savez ?... vous n'étiez pas plus haute que ça... Sitôt que vous pleuriez... Allez donc... moi aussi... (Il larmoie.) Voyons, Suzanne... (Tombant à genoux.) Et je vous jure que... si vous voulez rester... Jamais... Ah ! c'est votre faute aussi ! Pourquoi n'êtes-vous pas seulement duchesse... ou marquise... nous arrangerions ça avec mon cousin... Tenez, rien que baronne !

SUZANNE.
Mais non, ce n'est pas ma faute !

CHRISTOPHE, se relevant.
Un peu noble... qu'est-ce que ça vous fait?...

SUZANNE.
Vous m'épouseriez ?... Bien désolée alors...! mais comme je ne le suis pas...
(Elle fait une révérence comme pour prendre congé. Éloi ouvre la porte du fond à droite et regarde à la cantonnade.)

CHRISTOPHE.
Mais vous me jurez de ne pas en épouser un autre ?...

ÉLOI, à part.
Qu'est-ce qu'il dit ?

SUZANNE.
Parce que?

CHRISTOPHE, avec jalousie.
Parce que je ne veux pas... parce que celui-là, voyez-vous, me passerait par les mains... (Avec emportement.) Parce que je l'étranglerais !

ÉLOI.
On là ! là !... (Il veut se sauver et se cogne dans un fauteuil.)

CHRISTOPHE.
Hein ? (Allant à Éloi et le prenant à la gorge.)

* Suzanne, Christophe, Éloi.

Ah ! c'est toi ! tu m'écoutais ! Tant mieux !... Oui, regarde-là bien... mais rappelle-toi que si tu oses l'approcher..., je te fais... non ! je te pends moi-même !... (Le lâchant.) Qu'est-ce que tu veux ?

ÉLOI, suffoqué.
Je veux... (Montrant le fond.) On vient... Le baron ! (Il retourne à la porte du fond à droite.)

SUZANNE.
O ciel !

CHRISTOPHE.
Le baron !... Bien !... j'ai justement à lui parler. (A Suzanne.) Ne craignez rien... Restez...

SUZANNE.
Dieu m'en garde !... S'il me voyait ici !... Adieu ! adieu !...
(Elle court à la porte des petits escaliers.)

CHRISTOPHE, la suivant.*
Suzanne !

SUZANNE, s'arrêtant.
Ah ! mon Dieu ! quelqu'un... une dame !...
(Elle revient à Christophe.)

CHRISTOPHE.
Une dame !

SUZANNE.
Que faire ?

CHRISTOPHE.
Eh bien ! là... (Il l'a conduit à sa chambre, au fond, à gauche.) Là... un instant... vite.. (Suzanne sort par la porte du fond, à gauche.— A Éloi.) Dis au baron d'attendre.
(Éloi sort par la porte du fond, à droite.)

oooooooooooooooo ooooooooooooooooooooo oooo

SCÈNE XI.
CHRISTOPHE, LAURE, puis ÉLOI.

CHRISTOPHE, courant à la petite porte de droite.
Entrez, belle dame, entrez...

LAURE, voilée, entrant.
Nous sommes seuls ?

CHRISTOPHE.
Seulissimes... belle inconnue.

LAURE, levant son voile.
Oh ! vous me connaissez.

CHRISTOPHE, surpris.
Mademoiselle de Montbarry !...

LAURE.
Qui vient prévenir Votre Altesse qu'on la trompe... (Mouvement de Christophe.) Le baron de Hautbois vous a dit que je vous aimais prince ?

CHRISTOPHE, galamment.
En effet... et je...

LAURE, souriant.
Et vous l'avez cru, peut-être?

* Christophe, Éloi, Suzanne.

ACTE II, SCÈNE XI.

CHRISTOPHE.
Mais... il me semble...

LAURE, riant.
Ah! ah! ah!

CHRISTOPHE, surpris.
Comment?

LAURE, cherchant à se contenir.
Pardon, monseigneur, c'est bien malgré moi... Ah! ah!... mais le souvenir de nos... relations passées... n'est pas encore assez éloigné de ma... (Elle montre sa tête.)

CHRISTOPHE, à part.
Hum !

LAURE, vivement.
De ma mémoire.

CHRISTOPHE, à part.
Compris !

LAURE.
Il m'en coûterait d'avoir avec Votre Majesté de pénibles... démêlés...

CHRISTOPHE, à part.
Démêlés!... ce mot...

LAURE.
D'ailleurs, dans ce temps-là... à Meudon... il existait une jeune fille dont Votre Altesse paraissait prodigieusement...
(Elle indique par geste et en riant qu'il avait la tête montée.)

CHRISTOPHE, à part.
Coiffée!... Compris encore... Décidément, elle se gausse de moi. (Haut.) Il est vrai, mademoiselle... qu'alors... et... mais votre oncle a pu vous dire que déjà aussi, sans le respect... la vue de tant de grâces...

LAURE, riant.
Bah!... vraiment... Ah! ah! ah! quoi, monseigneur...

CHRISTOPHE.
Vous m'accueillez avec tant de bonté...

LAURE.
Sans doute... votre joyeuse humeur... vos refrains... votre babil spirituel...

CHRISTOPHE, flatté.
Ah! vous trouviez?... (A part.) C'est toujours ça...

LAURE.
Et puis... très habile... et surtout un goût...

CHRISTOPHE, même jeu.
Trop bonne...

LAURE.
Si! si! Oh! j'ai beaucoup perdu à votre départ ; voyez comme ils m'arrangent ici !
(Elle montre sa coiffure, et passe devant lui.)

CHRISTOPHE, s'oubliant tout à fait.
Ah! ah!... s'il est possible!... Quel est le malotru... le massacre!... traiter ainsi les plus admirables cheveux... Attendez... permettez...

Laure, Christophe.

LAURE, l'arrêtant.
Ah! monseigneur... que faites-vous?...

CHRISTOPHE, à part.
C'est juste!... Il ne manquait plus que ça !

LAURE.
Mais, en revanche, je vous demanderai une faveur.

CHRISTOPHE.
Parlez, mademoiselle.

LAURE.
C'est d'oublier ce que le baron vous a dit... Il ment... Il sait que j'aime le chevalier... que je n'aimerai jamais que lui...

CHRISTOPHE, piqué.
A la bonne heure, voilà un aveu franc, ce n'est pas tiré par les... Allons, bon, moi aussi... (Avec colère.) Et c'est à moi...

LAURE.
Oui, monseigneur... à vous, que je viens avec confiance, et maintenant que vous savez toute la vérité, c'est à vous que je viens demander de redevenir pour moi, pour le chevalier d'Arnouville, l'ami loyal et dévoué d'autrefois. (Souriant et lui tendant la main.) Le voulez-vous, monseigneur ?

CHRISTOPHE, avec élan.
Si je le veux !... oui, certes !

LAURE.
Et maintenant, pardonnez-moi...

CHRISTOPHE.
De me préférer le chevalier?... allons donc! Votre franchise m'a d'abord un peu défri... Mouvement de Laure, qui sourit ; il se reprend.) déplu !... plu !... mais vous faites bien, allez ; tout ce brillant clinquant si gênant... ne vaut pas au fond une bonne et solide affection... je m'en suis déjà aperçu... tout à l'heure... (Il regarde sa chambre.) Mais dam! vous êtes si charmante... Et ce que me disait le baron... (Avec colère.) C'est pourtant vrai... c'est ce grand caméléon-là qui est cause de toutes les sottises que j'ai faites aujourd'hui...

LAURE.
Ah! monseigneur !

CHRISTOPHE.
Si! si! j'ai oublié tout à fait ce que j'ai été, et tantôt avec le chevalier... Et Suzanne! cette pauvre Suzanne... Tenez... si je ne me retenais pas, je me battrais...

LAURE.
Ah!...

CHRISTOPHE.
Soyez tranquille... je me retiens... parce que je me connais... quand je me mets à taper, je n'en finis plus !... mais je trouverai bien un moyen de réparer mes torts... Et d'abord... *primo* et d'une... (Appelant et sonnant.) Eloi !...
(Il va s'asseoir à la table et écrit.)

ÉLOI, *entrant par la porte du fond, à droite.*
Plaît-il ?...

CHRISTOPHE, *écrivant.*
Il faut que tu me trouves le chevalier à l'instant.

ÉLOI, *voyant Laure.*
Encore une !... une grande dame !... Moi qui ne peux pas en avoir seulement une toute petite !...

CHRISTOPHE, *se levant.*
Tiens, tu lui remettras ce billet... (Il le lui donne.) Va, cours... (Éloi sort par le fond, à droite.) Et maintenant à Suzanne.

LAURE.
Que voulez-vous faire ?..

CHRISTOPHE, *passant à gauche, en remontant.*
Suivre votre exemple, mademoiselle... Être heureux !.. coûte que coûte ! (Il va ouvrir la porte de la chambre au fond à gauche et appelle.) Suzanne !.. (Regardant dans la chambre.) Eh bien ! où est-elle donc passée? Suzanne ! ah ! mon Dieu ! (Musique à l'orchestre.)

LAURE.
Qu'y a-t-il ?..

CHRISTOPHE.
Oui... plus de doute... là-bas... au fond... la porte de la ruelle ouverte...

LAURE.
Eh bien ?..

CHRISTOPHE, *accablé, tombant assis au fond.*
Partie !.. Suzanne partie !.. me quitter comme ça... lorsqu'elle savait que je me repentais... que je l'aimais... Ah ! c'est mal... c'est bien mal... (Se levant et allant encore regarder dans la chambre) Eh ! mais... oui. (A Laure) Voyez donc... sur le sopha... la corbeille ouverte... et à côté, ce casaquin, ce bonnet...

LAURE.
Que veut-il dire ?

CHRISTOPHE, *frappé, avec joie.*
Je devine... ce qu'elle me disait tantôt... qu'elle serait capable d'aller parler à la reine !...

LAURE.
Suzanne !

CHRISTOPHE, *redescendant.*
Oui... Et, pour arriver plus facilement, elle aura changé ses habits contre les beaux atours de la corbeille... la vôtre....

LAURE.
Que je lui cède de grand cœur.

SCÈNE XII.

CHRISTOPHE, LE CHEVALIER, LAURE.

LE CHEVALIER, *entrant par le fond, à droite.*
Ah ! prince !..

* Laure, Christophe, Éloi.
* Christophe, Laure

CHRISTOPHE, *lui prenant la main.*
Dites Christophe, allez, un bon enfant, j'aime mieux ça.

LE CHEVALIER, *saluant Laure.*
Mademoiselle... ce que je viens de lire est-il bien vrai ?..

CHRISTOPHE, *prenant la lettre et indiquant la signature.*
Si c'est vrai ? Et ma signature ! mais cela ne suffit pas... il s'agit maintenant de nous défendre contre le baron.

LAURE.
Que faire ?..

LE CHEVALIER.
Le menacer de parler... car, je puis vous le dire maintenant... cet acte de dévoûment dont il a tiré parti pour obtenir la faveur du roi... ce danger couru pour sauver Mme de Châteauroux... cette blessure reçue par lui à la chasse..,

LAURE ET CHRISTOPHE.
C'était faux ?

LE CHEVALIER.
Moi seul avais couru ce danger...

CHRISTOPHE, *vivement.*
Et reçu la blessure... je me rappelle... en effet... là... (Il montre le bras du chevalier)

LAURE.
Et vous avez pu consentir ?..

LE CHEVALIER.
Il promettait de ne plus s'opposer à nos vœux si je laissais croire à tous qu'il avait sauvé Mme la duchesse.

CHRISTOPHE.
Il faut apprendre cela à Sa Majesté.

LAURE.
Je m'en charge... je vais le dire à la reine.

SCÈNE XIII.

LES MÊMES, SUZANNE ET ÉLOI.

SUZANNE, *en dehors.*
Et moi je vous dis que j'entrerai.

CHRISTOPHE, *allant ouvrir la porte du fond-milieu.*
Suzanne !.. oui !.. c'est elle.

SUZANNE, *paraissant au fond, et appelant.*
Monseigneur Christophe !..
(Deux valets l'empêchent d'entrer.)

CHRISTOPHE.
Voulez-vous bien, faquins !..
(Il donne la main à Suzanne, qui entre fort embarrassée dans ses riches habits. — Éloi la suit et descend à gauche. — Les valets se retirent.)

SUZANNE.
AIR : *de la Comtesse du Tonneau.*
Ah ! ah ! ah ! ah ! triste aventure !

* Éloi, Christophe, Suzanne, Laure, le Chevalier.

Hélas! hélas! plus d'espoir!
D'où me vient si cruelle injure?
Comment la prévoir?
Hélas! hélas! plus d'espoir!
(La musique continue à l'orchestre.)
(Parlé)   TOUS.
Qu'y a-t-il donc?
SUZANNE.
Il y a que je cherchais la reine et que j'ai rencontré le roi... et qu'il m'écoutait... et qu'il était si aimable pour moi... que j'en étais toute je ne sais quoi...
ÉLOI.
Jarnigoi!
CHRISTOPHE.
Tais-toi... toi!
SUZANNE.
Il me faisait même comme ça... (Elle prend le menton de Christophe, qui fait la grimace.) en disant que j'étais bien gentille..., quand tout à coup arrive une grande belle dame...
CHRISTOPHE.
Madame de Châteauroux?
SUZANNE.
Qui me dit... oh! mais d'un air...
CHRISTOPHE.
Oui, oui... je connais cet air-là... (Frissonnant.) Brrou!...
SUZANNE.
Sortez!... sortirez-vous?... Et elle appelle... on accourt... et... on me chasse.
LE BARON, au dehors.
Il serait possible!... Une paysanne pénétrer chez Sa Majesté!
SUZANNE, effrayée.
Le baron!...
(Elle se met derrière Christophe.)
LAURE, de même.
Mon oncle!
(Elle se retire vivement par la petite porte à droite.)

SCÈNE XIV.

LES MÊMES, moins LAURE, LE BARON.

LE BARON, entrant par le fond-milieu.*
C'est inoui!... incroyable!... (Voyant Suzanne.) Ah! la voici. C'est donc vous, jeune audacieuse, qui avez bravé mes ordres!...
CHRISTOPHE.
Un moment!...
SUZANNE, qui s'est cachée derrière Christophe.
Ah! qu'il a l'air méchant!
CHRISTOPHE.
N'ayez pas peur!... (Au baron, se posant.) Après... Qu'est-ce que vous lui voulez à la jeune audacieuse?...

* Éloi, Suzanne, Christophe, le Baron, le Chevalier.

LE BARON.
Comment, prince, vous ignorez donc qu'à l'aide de ce déguisement fallacieux...
CHRISTOPHE.
D'abord, le déguisement, c'est vous qui l'avez fourni...
LE BARON.
Moi!... Elle vous aurait dit?...
CHRISTOPHE.
Non... c'est moi qui vous le dis... Tous ces beaux atours étaient dans la corbeille que vous m'avez envoyée...
LE BARON, furieux.
La corbeille de ma nièce!... (Il va à Suzanne.) Ah! Péronnelle!
SUZANNE, se cachant derrière Christophe et poussant un cri.
Ah!...
CHRISTOPHE, le toisant d'un air majestueux.
Péronnelle!... la future princesse de Valois!
LE BARON.
Prince!... Votre altesse sait bien que ma nièce seule...
CHRISTOPHE, montrant le chevalier.
Voici son mari...
LE BARON.
Qui?
LE CHEVALIER, saluant.
Moi, monsieur.
LE BARON.
Allons donc!... (A Suzanne.) Retirez-vous!
CHRISTOPHE, frappant du pied.
Non.
SUZANNE, de même.
Non!...
LE CHEVALIER.
Non!
LE BARON.
Non?... Prince, vous savez vous-même quelles conditions le roi avait mises à votre installation...
CHRISTOPHE.
Je sais.., je sais... que j'aime Suzanne... et que je la veux pour ma femme!
SUZANNE, s'avançant.
Oui, là!
(Le baron fait un mouvement; elle se remet vivement derrière Christophe.)
LE BARON.
Le roi ne permettra jamais...
CHRISTOPHE.
Et pourquoi donc ça? Je suis majeur! je suis libre!
LE CHEVALIER.
Sans doute...
LE BARON.
Ici personne n'est libre!
CHRISTOPHE.
Ah! oui dà! je suis prisonnier... on me re-

fuse ma Suzanne... parce que je suis prince!...
Eh bien! je donne ma démission !...

LE BARON.

Oh! impossible!

CHRISTOPHE.

Je reprends mon état de barbier!

LE BARON.

Oh ! oh !... impossible !

CHRISTOPHE.

Impossible!... (A Éloi.) Éloi, va me chercher mes ustensiles !

(Eloi passe au milieu en remontant.)

LE BARON, à Éloi.

Si tu y vas, drôle !...

CHRISTOPHE.

Vingt louis pour toi! (Il cherche sa bourse.)

ÉLOI, tendant la main au baron.

Et vous?

LE BARON.

Vingt coups de bâton !

ÉLOI, prenant la bourse que lui tend Christophe.

Donnez !

(Il sort par la petite porte à droite et reparaît bientôt avec les ustensiles.)

CHRISTOPHE **.

Ah! c'est impossible!... (Au chevalier, en lui indiquant un cordon de sonnette, et à Suzanne en lui en indiquant un à gauche.) Chevalier..., Suzanne... faites comme moi...

(Il va tirer un cordon de sonnette au fond. Suzanne et le chevalier tirent les deux autres. Ils carillonnent tous trois.)

LE BARON.

Monseigneur !...

CHRISTOPHE.

Ah! c'est le scandale que vous craignez !

LE BARON, se bouchant les oreilles.

Vous allez attirer tout le château ici !...

CHRISTOPHE.

Tant mieux! (Le cordon qu'il tire casse.) Ah! bon !

SUZANNE, de même.

Ah! bon !

LE CHEVALIER, de même.

Ah! bon !

(Deux domestiques accourent du fond à droite et du fond à gauche.)

CHRISTOPHE, apportant un fauteuil au milieu.

Faites comme moi ! (Il jette un domestique sur le sopha.) Assieds-toi là... (Jetant l'autre sur un fauteuil à droite.) Et toi, ici !...

(Eloi rentre avec un plat à barbe, rasoir, serviettes. — Le baron remonte et regarde au fond.)

* Suzanne, Christophe, Eloi, le Baron, le Chevalier.
** Suzanne, Christophe, le Baron, le Chevalier.

CHRISTOPHE, à Éloi.

Mes rasoirs !... (Éloi lui en donne un.) Éloi, savonne-moi ces gaillards-là, que je les rase! (Les domestiques veulent se lever.) Le premier qui bouge!... (Il montre son rasoir ouvert; ils se remettent en position.)

LE BARON, redescendant.

Il devient fou !... Monseigneur....

CHRISTOPHE.

Vous en voulez aussi? Allez donc! (Il le saisit et le jette dans le fauteuil du milieu.) Savonne, Éloi! (Christophe maintient le baron.) Ah! vous voulez me faire épouser votre nièce malgré elle !...

LE BARON.

Monseigneur !...

(Eloi le savonne, il ferme vite la bouche.)

CHRISTOPHE.

Et que je reste prince malgré moi!...

SCÈNE XV.

Les Mêmes, LE MARQUIS, SEIGNEURS,

OFFICIERS, entrant par le fond-milieu.

CHOEUR.

AIR :

A ma voix d'altesse,
A sa

TOUS.

Accourez soudain ;
Accourons
Voyez mon adresse ;
Voyez son
Le rasoir à la main.

(Les deux domestiques se sont levés et se sont sauvés.)

LE BARON. *

Mon... sei....

CHRISTOPHE, s'apprêtant à le raser.

Bougez pas... J'ai perdu l'habitude... Vous vous feriez hacher ! (Le baron reste immobile. —Aux seigneurs en rasant le baron.) Vous vous rappelez tous la partie de chasse du bois de Meudon?

LE BARON, qui a fait un mouvement brusque, poussant un cri.

Ah !

CHRISTOPHE.

Là!... quand je lui disais! Il ne veut pas se tenir tranquille!

(Le baron reprend son immobilité.)

AIR final de la *Nuit au Sérail*.

Avoue ici ton imposture,
Fameux vainqueur du sanglier...
Le seul héros de l'aventure
Ne fût-il pas le chevalier ?

* Suzanne, Christophe, le Baron, Eloi, le Chevalier

LE BARON.
Il vous a dit ?...
CHRISTOPHE, avançant son rasoir.
Parle !
LE BARON, tremblant.
Je le confesse....
CHRISTOPHE, aux Seigneurs.
Vous l'entendez ?
LE BARON.
Eloignez ce rasoir.
LE MARQUIS, au Chevalier.
Quoi ! c'était vous ?
LE CHEVALIER.
Oui ; grâce à la duchesse,
Sa Majesté bientôt va tout savoir.
CHRISTOPHE, au baron.
Réglons encore une autre affaire ;
De votre nièce il réclame la main.
Consentez-vous ?
(Il approche son rasoir.)
LE BARON, tremblant.
C'est mon heure dernière
CHRISTOPHE, brandissant son rasoir.
Vous refusez ?
LE BARON, vivement avec effroi.
Non ! Je consens.
CHRISTOPHE.
Enfin !

ENSEMBLE.
LE BARON.
Pour moi quelle cruelle injure,
Et pour mon nom quel déshonneur !
Me voir convaincu d'imposture !
Cachons ma honte et ma fureur.

LES AUTRES.
Pour lui quelle triste aventure
Et pour son nom quel déshonneur
Se voir convaincu d'imposture,
Il en étouffe de fureur !

(Pendant cet ensemble, le baron s'est levé et essuyé ; puis il va tomber sur le fauteuil près de la table. — Eloi a remis tous les ustensiles de barbier sur la table, a reporté le fauteuil du baron au fond et est redescendu à gauche. — Le marquis remonte et reste parmi les seigneurs.)

LE BARON.*
Ah ! j'en ferai une maladie.
CHRISTOPHE.
Une étiquette rentrée ! Et j'espère bien qu'après une pareille esclandre, mon cher cousin me permettra...

* Eloi, Suzanne, Christophe, Laure, le Baron, le Chevalier.

SCÈNE XVI.
Les Mêmes, LAURE.

LAURE, accourant par le fond-milieu, un papier à la main.
De faire ce que vous voudrez, prince.
CHRISTOPHE.
Comment ?
LAURE, donnant le papier au baron.
Lisez, mon oncle...
LE BARON, se levant.
Cet écrit... De la main du roi !
LAURE.
Et que la reine vient de me remettre.
(Elle passe près du baron.)
LE BARON, lisant.
« Sa Majesté approuve votre mariage avec » le chevalier d'Arnouville ! (Mouvement de » joie du chevalier) Et celui de Son Altesse » avec...» Ah !
CHRISTOPHE, regardant l'écrit à Suzanne.
Ma foi oui... ça y est...
LE BARON, lisant.
« A la condition formelle... »
CHRISTOPHE.
Une condition ?
LE BARON.
« De quitter Versailles avec votre femme...»
CHRISTOPHE.
Quitter la cour... ça me va... j'y tope !
LE BARON.
« Et de se retirer en Saintonge, dans la terre de Champfleury... »
CHRISTOPHE.
Connais pas... mais j'y tope encore !
LE BARON.
« Avec vingt mille écus de revenus...»
CHRISTOPHE, prenant le papier.
Je tope toujours !... un château... vingt mille écus... ma Suzanne pour me distraire... et plus de baron pour m'en... seigner l'étiquette... Ah ! je nage dans la félicité ! Le roi n'est pas mon cousin !.. Ah ! si... toujours !..
ÉLOI.
Comme ça... patron... c'est-à-dire, monseigneur... c'est fini... vous ne...
(Il fait le geste de poudrer.)
CHRISTOPHE.
Non !.. Ah ! si... quelquefois... le dimanche.. pour m'amuser... je coifferai mes vassaux... gratis !..
LE BARON, scandalisé.
Il serait possible !..
CHRISTOPHE.
Pourquoi pas ?.. vous tondez bien les vo-

tres*. et pas gràtis... mais moi, un cousin du roi!!.. gràtis!..

CHOEUR FINAL.

Air : (*Les deux brigadiers* de J. Nargeot.)

Loin de cette cour, le perruquier
Toujours modeste
Veut en revenir à son métier...
Quand l'amour reste,
On est riche encore ; et la grandeur
Ou la naissance,
La vaine opulence
Ne valent pas le vrai bonheur !

CHRISTOPHE, au public.
Air : *de Julie.*
Quittant mon ancien domicile,
Je vins m'établir en ces lieux ;
Mais dans ma grandeur indocile,
J'ai méconnu mes illustres ayeux...
Et le barbier, qu'on relègue en province,
Doit dans l'exil exercer ses talents :
Mais, s'il pouvait vous avoir pour clients,
Il serait heureux... comme un prince !
Ah ! du barbier soyez tous les clients,
Pour qu'il soit heureux... comme un prince

REPRISE DU CHOEUR.

FIN DU COUSIN DU ROI.

Paris — Imprimerie française et espagnole de DUBUISSON et Ce, rue Coq-Héron, 5.

www.ingramcontent.com/pod-product-compliance
Lightning Source LLC
Chambersburg PA
CBHW060601050426
42451CB00011B/2028